KB190598

그리스도인의
묵 상 I

이만홍 지음

에레모스를 찾아서:
사막 교부들의 지혜와 묵상적 삶

침묵과 비움의 영성

묵상 심리학: 마음 비우기

그리스도인의 묵상: 하나님 바라보기

로뎀
포레스트

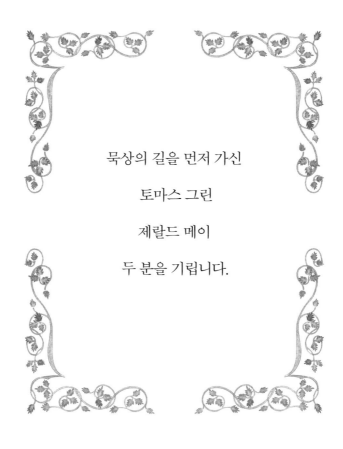

묵상의 길을 먼저 가신

토마스 그린

제럴드 메이

두 분을 기립니다.

서문을 대신하는 기도

주님께 마음을 여는 기도로 이 책을 시작합니다.

친한 벗, 사랑하는 사람, 한 몸 같은 부부, 가족들과 함께 먹고 마시면서 때로는 즐겁게, 때로는 진지하게 대화하면서 함께 살아가는 것이 누구나 바라는 행복이자 축복입니다. 반면에 인간이 가장 견디기 힘든 것은 서로 간의 단절, 이로 인한 고립과 고독입니다. 2019년 말 닥친 우한 코로나는 이것을 더욱 실감하게 해 주는 상황이 되었습니다. 우리는 원치 않게 고독을 실감하는 사막으로 내몰려집니다.

그렇다고 하여, 코로나 사태 이전 우리의 삶이 괜찮았던 것일까요? 아니었을 것입니다. 화려한 도시와 즐거운 삶이 있었던 것 같지만 거기에는 진정한 만남은 없었습니다. 소음으로 가득차고 자극적인 풍요로움 속에서 우리는 자아를 잃었습니다. 감동적 설교와 찬양 속에서 여호와 하나님의 모습을 놓쳤고, 우아한 예배와 열정에 찬 듯한 사역 속에서 영혼의 샘은 메말랐습니다. 코로나 사태가 진정되고 그 전의 일상으로 돌아간다고 하여 거기에 답이 있는 것일까요?

변화와 혼란이 심하게 우리 삶을 바꾸어 놓는 이 시대에 우리는 먼저 주님 앞에서 이제까지의 우리 삶과 기도를 돌이켜 보고 메마른 우리의 영혼의 샘에 생수가 다시 차오르기를 간절히 기도합니다.

하나님, 우리의 혼란과 상처와 방황을 당신께 내려놓습니다. 거룩한 장소인 침묵 가운데서 우리 영혼이 안식을 얻게 하소서.

불만과, 긴장과 갈등, 편견, 나름대로의 옳고 그름, 오만함을 내려놓고 당신께로 돌아서고자 하오니 저희를 용서하시고,

저희를 비울 수 있게 도와주소서. 거짓과 위선과 다른 곳을 헤매고 돌아다님을 회개하오니 용서하여 주시고, 상실감과 책임감을 십자가 앞에 내려놓고 주님을 바라보게 하소서. 온갖 기대와 자기주장들로부터 자유롭게 하시고, 당신만을 바라보게 하소서.

하나님, 당신은 우리의 기쁨과 소망이며, 평강과 은혜입니다. 당신 밖에는 소망이 없사오니, 당신만을 바라보게 하소서. 당신으로 채워지는 침묵을 사랑하게 해 주시고, 우리의 삶이 앞으로 당신 말씀 안에서 사는 묵상적 삶이 되게 축복하소서.

이제 우리를 인도하시는 성령님의 손길에 감사와 찬양을 드리오며, 순종하며 따라갈 수 있는 마음과 용기를 허락하소서.

존귀하신 예수 이름으로 기도합니다.

아멘.

4장 그리스도인의 묵상: 하나님 바라보기

부록

그리스도인의 묵상 II

책머리에

하나님이여 사슴이 시냇물을 찾기에 갈급함 같이 내 영혼이
주를 찾기에 갈급하나이다 내 영혼이 하나님 곧 살아계시는
하나님을 갈망하나니 내가 어느 때에 나아가서 하나님의 얼
굴을 뵈올까 (시 42 : 1-2)

오늘날처럼 자기주장과 화려하고도 자극적 종교행위가 난무
하는 현실에서 왜 굳이 침묵 가운데 드려지는 묵상기도가 우
리 그리스도인들에게 필요한가는 긴 설명이 필요 없다. 미국
퍼킨스 대학 복음주의 선교신학 교수인 엘레인 히스 교수는
그녀의 책에서 "오늘날의 교회는 포스트 모더니즘 문화의 소
비주의, 경쟁, 그리고 개인주의에 깊이 적응된 나머지, 번영
복음을 외치는 설교자의 풍요로운 삶의 스타일에서부터 어디
나 존재하는 '교인들의 수평이동'과 '예배전쟁(worship wars)'
에 이르기까지 교인들에게 보다 나은 거래를 위하여 쇼핑을

제공하고 있다."[1]라고 비판하고 있으며, 그에 따라 "기도는 그 건조하고 열매 없음이 기도를 소비적 대상으로 하는 데서 찾아볼 수 있는데, 왜냐하면 기도는 그것이 '작동'하기 때문에 '시도'되어져야 하는 그 무엇처럼 되기 때문이다."[2] 라고 단언한다. 그 결과 "복음주의자들의 사역은 언제나 열정적이고 효율적이다. 그러나 우리의 사역과 전도가 겉으로 그럴 듯 해 보여도, 시간이 갈수록 뭔가 결핍의 느낌을 숨길 수 없다. 나 자신과 우리의 영혼을 더 깊은 하나님과의 교제로 이끌어 줄 그 어떤 것이 필요하다. 침묵 가운데서 부르시는 하나님의 음성을 듣는 방법이 필요하다."[3]

미국 풀러 신학교의 복음주의 영성형성학 교수인 리챠드 피스도 이와 유사한 발언을 한 적이 있다. "그 동안 우리는 전도와 사역에 몰두한 나머지 우리 영혼이 주님과 깊은 교제하는 데 소홀하였다. 그 결과 우리의 사역과 전도는 열매가 없어졌으며, 우리의 영혼마저 메말랐다. 이제 우리는 침묵 가운데서 아직도 말씀하시는 주님께 다가가 다시 살아나기 위하여 '묵상기도'를 배워야 하며, 이것을 우리는 '묵상적 복음주의'라고

부른다. "[4]

그들은 이러한 미국 교회들의 엄혹한 환경을 집단적인 "영혼의 어둔 밤" 경험으로 묘사하고 있지만, 어찌 보면 그러한 지적은 오늘과 미래의 교회를 향한 새로운 회생의 비전과 희망을 가져 올 신비의 지혜에 대한 탁월한 연구의 시작이라고 볼 수도 있다.

묵상적 복음주의는 커다란 소리로 떠드는 선언 속에서보다는 침묵으로부터 나오는 복음주의이며, 대규모 집회나 강압적인 도전보다는 소그룹 대화와 피정으로부터 나오며, 간증의 독백보다는 하나님의 음성을 구하는 영성지도의 복음주의이다. 아직도 말씀하시는 하나님을 발견할 수 있는 공간과 만남을 창조하는 전통적인 영성훈련이며, 여기서는 하나님의 현실을 경험할 수 있는 것이 목표이다. 이 시점에서 복음주의는 어떤 양적 팽창의 테크닉을 발견하는 일을 멈추고, 어떻게 하면 아직도 말씀하시는 하나님께 다가갈 수 있으며, 당신과 함께 그렇게 다른 사람을 초대할 수 있느냐 하는 문제를 똑바로 바라보고, 기독교 전통의 역사를 거슬러 올라가 그 흐름으로부터 해답을 찾기 위한 노력에 나서야 할 때가 아닌가 한다.

에레모스[5]를 찾아서

저자의 삶과 기도가 바뀌게 된 것은 묵상기도를 알게 된 2002년부터라고 할 수 있다. 그해 우울증의 높은 파고가 밀려왔고, 다니던 대학교수직을 던지고 서해 바닷가를 찾아 칩거에 들어갔다. 지나간 10년을 돌이켜 보니 나름 열심히 살았지만, 그것은 나 나름의 열심이었고, 좌충우돌 실수의 연속이었을 뿐, 거룩한 임재를 깨닫지는 못했던 시절이었다. 해가 떨어지면 고요와 어둠 속에 잠기고 마는 조그만 어촌 한 구석에서, 좌절과 절망의 계절이 빨리 지나가기를, 아무 반응이나 위로가 없는 허공에 대고, 하나님께 관성적인 부르짖음의 기도를 해 대면서 밤잠을 설치곤 했다. 그러던 어느 날, 우연히 한 권의 책이 눈에 들어왔다. 그것은 돌이켜 보면, 하늘에서 떨어졌다고 밖에 표현할 길이 없는 하나님의 손길이었다. 토마스

그린 신부님의 "샘이 마를 때"[6]란 책이었는데, 절망에 빠진 내
게 주시는 하나님의 메시지 바로 그것이었다. 샘이 마를 때,
즉 그리스도인의 기도가 메말라지고 주님의 임재가 느껴지지
않아 지쳐가고 있을 때, 그것이 어떤 상태이며, 무슨 의미가
있으며, 어떻게 해야 하는지를 마치 곁에서 다독거리듯 조곤
조곤 일러주시는 그분의 체온을 느낄 수 있는 그런 책이었다.
그렇게 해서 묵상기도는 우울의 늪에 빠져 있던 나를 일으켜
깨웠고, 나는 마치 잠에서 깨어나는 듯 화들짝 정신이 들었
다. "마음을 열어 하나님께로"[7] 등 그린 신부님의 저술을 비롯
하여 닥치는 대로 침묵과 묵상기도에 관한 책들, 그리고 이어
서 "밀밭의 가라지"[8]를 비롯한 영성지도에 관한 책들을 읽어
나가기 시작하였다. 눈을 떠 보니 어느덧 내 앞에는 침묵의
뜰이 넓게 펼쳐져 있었고, 하나님께로 가는 새로운 길이 보
이는 듯했다. 나는 그때까지 정신없이, 오랫동안 관성적으로
해 왔던, 마치 뜨겁게 부르짖어야만 들어주시는 줄 알고 떼를
쓰듯 어린아이처럼 외쳐대던 기도를 즉시 멈추고, 가만히 침
묵 속을 응시하기 시작하였다. 침묵은 나의 가슴 속에 또 다
른 새로운 공간을 마련하여 주었는데, 그곳은 이제까지 없었

던 자기성찰, 내 마음속의 참모습을 그대로 들여다보게 만들었으며, 바로 그곳에서 세미한 하나님의 음성이 들리기 시작하였다. 문득 호렙산 어느 동굴 속에서 하나님의 세미한 음성을 듣기 위해 웅크리고 있었던 엘리야의 모습이 떠올랐다. 매일매일의 불면증으로 시달리던 어둔 밤의 시간은 차츰 침묵의 공간에서 나와 주님이 만나는 기도의 시간으로 변하기 시작했고, 하나님의 음성을 따라 길을 나서는 은총의 시간이 되었다. 이른 새벽 아직도 캄캄한 산길을 따라, 무덤들이 늘어서 있는 산허리를 돌아, 산등성이에 올라서면, 멀리 천수만의 섬들과 바다 위 하늘에 불그스레 동이 터 오고, 가슴속에도 새롭게 기쁨의 빛이 비치기 시작하였다. 그때 가슴이 뜨겁게 달아오름을 느꼈는데, 그것은 우울증이 처음 발병하였던 나의 청소년 시절 애타게 부르짖는 나를 만져주시고 가슴을 뜨겁게 해 주시던 바로 그 동일한 분의 동일한 뜨거움임을 확신하게 되었다. 갈멜산에서 뜨겁게 임하셨던 하나님은 호렙산의 차가운 침묵 속에서 세미한 음성으로 임하시던 바로 그 하나님, 동일한 분임을 깨닫게 되듯이. 그 뒤로 거의 삼 년 가까이를 마치 초등학교 수업을 듣는 어린아이처럼, 나는 묵상기도 공부를 하게 되었고, 그 어둠침침하던 어촌은 나의 에레모스, 기도하는 한적한 곳이 되었었다. 그리고 그 어둠침침한 어촌으로 나를 인도하신 주님은, 침묵과 어둠의 빈 공간인 나의 마음속에서 세미한 음성으로 만나시기를 즐겨하신다는 것을 확신시켜 주시기 위하여 나를 그곳으로 부르셨음을 깨달았다.

그 후로 나는 다양한 서적과, 사람들과의 만남들을 통하여 침묵 속에서 하나님을 만나는 경험들을 이해하고 나누게 되었는데, 그러면서 점차로 이 세계에 뭔가 심각한 문제가 있음을 발견하게 되었다.

묵상기도의 유일한 방법은 예수를 만나는 것

개인적으로 하나님을 알고 그분을 만날 수 있다는 것은 그리스도인들에게 주어진 비할 바 없는 큰 축복이다. 그리고 기도는 하나님을 만나는 방법이다. 그러나 처음부터 그랬던 것은 아니다. 예수가 이 땅에 오시기 전에는, 개인적으로 하나님을 만난다는 것 자체가 죽음을 의미하기도 했다. 그러나 예수가 오심으로, 그분은 하나님을 만나는 유일한 통로가 되었고, 우리는 개인적으로 우리의 에레모스, 빈 마음의 공간 안에서 그분을 만날 수 있게 되었다. "본래 하나님을 본 사람이 없으되 아버지 품 속에 있는 독생하신 하나님이 나타내셨느니라(요 1:18)" 그리고 그것을 보는 방법이 바로 묵상기도이다. 이 책은 하나님을 만나는 방법, 기도에 관한 책이다. 그러나 기도에 특별한 방법이 있는 것은 아니다. 예수를 인격적으로 만나는 것 외에는 다른 방법은 없다. 성령의 이끄심은, 그리고 66권의 거룩한 문서는 모두 한 분 예수를 인격적으로 만나기 위함이다. (요 1:14, 18)

내 아버지께서 모든 것을 내게 주셨으니 아버지 외에는 아들을 아는 자가 없고 아들과 또 아들의 소원대로 계시를 받는 자 외에는 아버지를 아는 자가 없느니라 (마 11:27)

예수가 제자들과 함께 계실 때, 제자들이 기도문을 가르쳐 달라는 요구를 한 적이 있다. (눅 11:1) 이미 예수는 여러 차례 기도에 대하여 말씀을 하신 바 있고(마 6:5-7, 33, 7:7-11, 눅 18:10-14), 영과 진리로(요 4:24) 나를 만나는 것이 무엇보다 중요함을 알아야 한다고 강조하신 바 있는데(요 1:39, 46), 남들처럼 기도문을 가르쳐 달라니...어쨋든 예수는 단 한 가지 기도문, 주기도문만을 가르쳐 주셨다. 인간은 늘 방법을 만들고, 본질 그 자체를 외면한 채, 방법에 기대어 자신을 숨기고 포장하는 경향이 있다. 그렇게 해서 종종 인격적인 만남은 뒷전으로 밀리고, 절차와 방법, 그럴 듯해 보이는 치장이 대신 그 자리를 차지한다. 사람들은 진리와 직접 대면하는 것을 부담스러워 하며, 예수를 만난다는 것은 삶을 거는 것이기 때문에 두려움을 일으킨다. 방법이나 절차가 더 안전하게 여겨진다. 그것이 문제이다. 개혁신앙에서는 기도문이나 예배 방법이 다른 종교나 종파처럼 많거나 복잡하지 않은데, 이는 감사해야 할 일이다. 예배 분위기나 장소, 기도문이 아무리 아름다워 보이거나 신비해 보여도 그것은 본질이 아니며, 그리스도인들로 하여금 영성의 길을 가다가 도중에 한눈팔고 그곳에 주저앉게 만들 위험이 있다. 그리스도인들의 삶과 기도의 방법은 다른 치장이 아닌, 하나님 그분 자신만의 아름다움을 바라보는 것 외에는 없다(시27:4). 그것은 우리에게 사랑으로 다가오시는 예수를 인격적으로 만나는 것을 통해서만 가능하다. 바로 그래서 이 책이 제시하는 설명도 단 하나의 목적, 그리스도인의 묵상은 그리스도를 만나는 것, 그분이 묵상의 중심에 계신 것, 이것 외에는 다른 방도는 없다는 것을 강조하는 것이다. 다른 그럴듯한 방법이 있다면 그것은 오히려 경계해야 함을 강조하고 싶다.

그런데, 최근의 그리스도교 공동체 안에서 영성에 대한 흐름, 교육과 영적 수련의 모습에서 심각한 문제의식을 느끼게 되는 것은 바로 이 점, 예수가 그 중심에 있어야 함이 퇴색되어 가거나, 미묘하게 빠져간다는 것이다. 현대 영성가들의 서적이나 강연에서는 기독론을 비롯하여 종말론, 부활이나 구원론 같은 것들은 찾아볼 수 없으며, 그런 것들을 거론하는 것은 신학적으로 시대착오적인 무지를 의미하거나, 저급한 영성으로 취급되는 경향이 있다. 묵상적인 삶과 기도에서 예수 그리스도, 그분과의 인격적인 만남, 신령과 진정으로 예수를 만나는 것이 사라져 가고 있다. 우리가 기억해야 할 것은, 어

린아이와 같아야 천국에 들어갈 수 있다는 말씀이나, 지식 있
는 자들에게는 감추시고, 어린아이들에게는 보이신다는 예수
의 말씀일 것이다. 오늘날 유행하고 있는 기독교의 관상기도
의 방법들이라고 하는 것들은 상당 부분 불교전통에서 표절
해 온 부분들이 많다는 사실은 부인할 수 없으며, 애써 부인
하려고도 하지 않음을 볼 수 있다.[9] 많은 그리스도인들이 불
교 명상과 기독교 묵상을 혼동하면서, 불교전통의 명상에서
더욱 도움을 받는다는 말을 들을 때 마음이 무거움을 느낀다.
불교전통의 명상과 기독교 전통의 묵상은, 모두 침묵에서 출
발하는데, 시작은 유사해 보이지만 그 끝이 전혀 다르다. 영
국의 영성심리학자, 테일러는 그의 책[10]에서 이를 조심스럽
게, 그러나 명확하게 언급한다. 그에 의하면, 세상의 모든 영
성수련은 두 가지 단계가 있는데 첫째 단계는 마음의 명료함
(clarity of mind)을 추구하는 단계이며, 두 번째 단계는 각
종교전통의 영성을 추구하는 단계이다. 첫째 단계는 마음의
명료함을 추구하는 단계로서, 이 침묵의 단계는 불교와 기독
교 모두에서 공통적으로 중요한 요소로 취급하는 반면, 두 번
째 단계에서는 두 종교 전통이 전혀 다른데, 불교는 절대적인

무(nirvana)를 추구하는 반면, 기독교는 하나님과의 연합, 즉 초월적 존재와의 관계를 추구한다는 점이다.[11] 기독교의 기도, 특히 묵상기도란 불교 전통의 명상과 달리, 외적인 대상, 변하지 않는 절대자(하나님) 그분과 우리와의 인격적 사랑의 관계를 깊이 있게 이루어 가는 과정이라고 할 수 있으며, 이것이 기독교 고유의 영적 전통, 즉 묵상기도의 전통이다. 따라서 그리스도인의 묵상은 이론적으로 만이 아니라 실제적으로도 불교명상과 전혀 다름을 이 책 4장에서 영성심리학적으로 구체적으로 설명하려고 하였으며, 아울러 최근의 뇌과학의 실험결과를 통해서도 점차로 밝혀지고 있음을 언급하였다. 사막의 교부들이나 중세시대의 영성가들은 모두 이 두 번째 단계의 영성을 중요시하여 그 점, 즉 하나님 바라보기가 묵상기도의 전 과정에 걸쳐 철저하게 추구된 반면, 오늘날 현대 영성가들은 바로 이 점을 소홀히 여기고, 결국 동양전통, 관계성 없이 홀로 각자의 내면에서 완성하는 무의 전통에 짙게 영향을 받고 있음을 본다. 이 책은 바로 이 문제점을 분명하게 밝히고, 그리스도인들이 불교 명상과 기독교 전통의 묵상기도를 혼동하지 않고, 기독교 고유의 전통적인 영적 유산으로 돌아가 정체성을 회복하는 데 최선을 다하려는 저자의 목적이 있다. 저자는 젊은 시절, 한때 방황하며 잠시 선불교에 심취했던 시절에 겪었던 영적 수행의 경험에 비추어, 두 종교 전통은 그 본질과 영적 수행의 방법이 전혀 다름을 갈수록 실감하면서, 부르심에 충실히 하고자 하는 뜻으로 이 책을 쓰게 되었다.

이 책을 쓰는 데 절대적으로 도움을 받았던 분은 앞서 언급한 토마스 그린 신부님 외에 또 한 분, 제랄드 메이 박사가 있다. 토마스 그린 신부님[12]은 이미 설명한 대로, 나의 묵상생활 내내 마치 우리의 유일한 영성지도자이신 성령님의 조교처럼 내게 영향을 미쳤는데, 그의 저서와 강연을 통하여 그리스도인의 묵상의 올바른 길을 인도하여 주셨기에, 나는 그분을 나의 영성지도자, 영적 스승으로 생각하며, 그의 가르침을 소중하게 여긴다. 그는 예수회 사제이면서 가톨릭 영성지도자이었지만, 저자의 생각에는 누구보다도 개혁신학적인 시각을 가졌다고 본다. 그는 루터의 묵상생활을 존경하며, 개신교 선교사 한나 허나드를 아름답게 인용하는 등 개혁신앙에 대한 열린 마음을 가지고 있었으며, 평신도 사역의 중요성을 강조하는 한편, 교황의 권위에 대한 순종이나, 마리아 신앙을 내세우는 법이 없었고, 무엇보다도 방법으로서의 어느 특정한 기도형태(예를 들면 예수기도나 향심기도 등)를 강조함이 없이 예수 그리스도 중심의 묵상을 강조하고 있다.

다른 한 분, 이 책을 쓰는 데 도움을 받은 분은 제랄드 메이 박사[13]이다. 그는 정신과 의사이자, 미국 샬렘영성센터의 영성지도자로 오랫동안 활동하였는데, 그 시대의 주류 흐름인 보편적이고 진보적인 영성에 영향을 많이 받은 듯하나, 그의 저술을 자세히 살펴보면 그 또한 하나님과의 개인적인 영적 만남의 체험에 끈을 놓지 않고 있음을 알 수 있다. 특히 그의 저서 "사랑의 각성"은 이 책을 쓰는데, 많은 영향을 주었으며, 그의 관상적 신비에 대한 아름다운 문장들은 저자가 이 책에서 많이 인용하였음을 밝힌다.

명상, 관상, 묵상 용어해설

이 책의 제목과 내용에서 사용한 (그리스도인의) '묵상(默想)' 이란 용어는 저자가 매우 특별하게 사용하고 있는 이유로 해서, 책을 시작하기에 앞서 이들 핵심 용어들인 명상(瞑想)과 관상(觀想) 및 묵상(默想)에 대한 저자의 입장을 밝혀 두려고 한다. 기독교 영성의 역사에서 하나님을 인식하거나 신비 체험을 이해하는 두 가지 방법이자, 기도의 두 가지 형태로는 라틴어 meditatio(영어로는 meditation)와 contemplatio(영어의 contemplation)가 있다. 전자는 인간의 지적 능력, 느낌이나 이미지, 사고 등의 인지능력을 사용하여 하나님을 이해하고자 하는 유념적 인식론을 의미하며, 후자는 그런 인식 능력을 초월하여 직관적으로 하나님을 이해하고자 하는 무념적인 접근을 의미한다. 그런데 이들 용어들은 서로 혼용되는 경우가 많은데, 이는 번역상으로서뿐만 아니라[14], 기독교 영성 역사에서도 혼용이 있어서, 예를 들면 이냐시오의 "영신수련"에서 사용한 'contemplatio'는 실제로는 주로 'meditatio'를 의미한다. 이에 더하여 많은 영성가들은 우리의 영적 인식이 유념적이냐 무념적이냐 하는 것은 단지 학술적으로만 구분되는 것이며, 실제 영성생활이나 기도에서는 이 두 개념

은 항상 섞여 있거나, 왔다 갔다 하는 것이기 때문에 실제로
는 이 둘은 나눌 수도 없고, 구태여 그럴 필요도 없는 개념이
라고 주장한다. 한편 우리나라 기독교 공동체에서는 '묵상(默
想)'이란 용어를 오래전부터 매우 보편적으로 사용해 오고 있
는데, 이 또한 유념적, 무념적인 개념을 구분하여 명확히 사
용한 것이라기보다는 두 개념이 같이 혼합되어 있다고 보는
것이 옳으며, 무엇보다도 성경 또한 이를 뒷받침해 주고 있
다.[15] 그런데 이렇게 실제 기도 생활에서는 이들 'meditatio'와
'contemplatio'가 자연스럽게 뒤섞여 있음에도 불구하고, 이
혼용된 상태를 의미하는 용어를 딱히 발견할 수 없으므로,[16]
저자는 여기서 '묵상(默想; mooksang)'이란 용어를 그런 상태
에 맞는 용어로 사용하기로 하였다. 따라서 이 책에서는 '묵상
(mooksang)'이란 명상(meditatio)과 관상(contemplatio)의
두 상태의 혼용된 경우를 의미하며, 간혹 특별히 유, 무념적
상태의 개념 상의 구분이 필요한 경우, '명상(meditatio)' 및
'관상(contemplaio)'으로 표현하기로 하였음을 밝혀둔다.

이 책은 그리스도인의 묵상적 삶과 묵상기도가 어떠해야 하

는가, 특히 불교전통의 명상과 어떻게 다른가에 대한 저자 나름의 생각을 밝히고 이를 어떻게 체계적으로 생활화할 수 있는가를 목적으로 하였는데, 제Ⅰ권(1장~4장)과 제Ⅱ권(5장~9장)으로 나누어 출간하였으며, 각 장의 내용은 다음과 같다. '1장 에레모스(광야, 사막)를 찾아서'에서는 오늘날과 같이 영혼의 샘이 마른 시대에 사막교부들의 지혜와 삶으로부터 이 책이 추구하는 묵상적 영성의 근원을 이끌어 내려는 시도로 책을 열었다. 기독교의 영성 전통은 본래 사막(에레모스)에서부터 출발하였음을 밝히면서, 오늘날의 그리스도인들이 사막의 교부들처럼 현실의 풍요롭지만 무의미한 삶에서부터 깨어나 각자의 에레모스를 찾아 묵상의 길을 나서기를 촉구하려고 하였다. '2장 침묵과 비움의 영성'에서는 세상 모든 영성 전통의 공통적 출발점인 침묵으로부터 시작하는 묵상훈련의 중요성을 기술하였으며, 이어서 '3장 묵상의 심리학: 마음 비우기'에서는 묵상기도와 관련한 현상들, 즉 현대 영성심리학이 주로 다루는 개념들이기도 한 의식, 깨어남, 주의집중, 알아차림, 내면 바라보기, 마음의 명료함 이루기 등의 개념들을 다루었으며, 아울러 묵상기도를 제대로 하기 위한 사전 준비

단계라고도 할 수 있는 호흡훈련과 예수기도 등의 단순한 기도에 대하여 소개하였다. '4장 그리스도인의 묵상: 하나님 바라보기'에서는 드디어 기독교 고유의 전통인 하나님과의 관계성, 즉 사랑의 하나님과 개인적이고도 인격적인 사랑의 관계 맺기가 묵상기도의 핵심이며, 이것이 바로 불교전통의 명상들과 어떻게 차별화되는가를 제시하였는데, 최근의 의식심리학과 뇌과학의 발견들을 근거로 하여 이해를 돕고자 하였으며, 이런 관점에서 주기도문이 거의 유일하고도 중요한 묵상기도의 한 형태가 될 수 있음을 보이고자 하였다. 이상이 제I권의 내용이며, 이어서 제II권에 포함된 내용을 보자면, '5장 하나님 듣기: 그리스도인의 정체성과 묵상적 경청'에서는 그리스도인들이 묵상기도를 하는 데 있어 하나님 말씀을 듣는 묵상적 경청이 절대적으로 중요하다는 것과, 이를 위하여는 그리스도인으로서의 자유와 정체성에 대한 이해가 필요함을 말하고자 하였다. '6장 일상에서의 묵상적 삶과 하나님 임재연습'에서는 일상의 삶에서 관상적인 삶을 실천하고자 하는 대표적인 예시로서 '로렌스 형제의 임재연습'을 제시하였으며, 아울러 전통적인 수도승들의 성무일과를 현대인의 바쁜 스케줄 속에서 하루에 세 번 기도하도록 생활화하는 것과 퇴수회(피정)의 중요성을 설명하였다. '7장 거룩한 독서(렉시오 디비나)'와 '8장 의식성찰'에서는 기독교 수도전통에서부터 전래한 묵상기도의 가장 중요한 두 가지 방법을 개혁신앙의 입장에서 제시하고자 하였다. '9장 주제묵상과 영적 분별'은 묵상적 삶과 기도가 현대 그리스도인들의 일상의 삶과 분리되어서는 안 되며, 바로 그곳에서부터 출발해야 한다는 뜻에서 당면한 문제를 어떻게 묵상기도로 가져가느냐에 대한 방법과, 이를 어떻게 영적 분별, 특히 그중에서도 가장 체계적인 이냐시오의 분별 지혜를 빌어 적용할 수 있는가의 방법들을 제시하고자 하였다. '마치는 글'에서는 이러한 이상의 묵상기도의 방법들은 예수 그리스도를 통하여 하나님의 이끄심에 의지함이 없이는 결코 할 수 없으며, 우리 그리스도인은 거룩한 신비 앞에서 다시 침묵으로 돌아가 그 앞에 순종하는 자세를 잊지 말아야 할 것을 강조함으로써 이 책을 마무리하였다.

이 책은 영성신학적인 이론서나 영성심리학 해설서가 아니다. 단지 그리스도인들이 일상적으로 할 수 있는 묵상기도를 기독교 영적 전통에서부터 이끌어 와서 오늘날 일상의 삶에서 쉽게 적용해 보려는 하나의 시도라고 할 수 있다. 따라서 이론적인 설명은 가능한 최소화하려고 하였으며, 이 책의 각 장의 끝에 미주가 붙어 있어, 좀 더 학술적으로 이해를 돕기 위한 설명이나 참고서적을 제시하였다.

이 책의 1장부터 9장까지에는 각 장의 본문의 뒤에 매주(혹은 이보다 느린 간격) 가장 기초가 되는 침묵으로부터 이 책이 추구하는 기독교 영성전통에 기초한 묵상기도를 하는 방법들에 이르기까지 훈련방법들을 구체적으로 실행할 수 있도록 **'금주의 묵상수련'**(부록 1. 참조)을 제시하였다. 각 장의 본문을 잘 읽고 이해를 한 다음, 그에 해당하는 훈련을 연습하되, 개인별로, 더욱 바라기는 소그룹 별로 함께 시도하는 것을 적극적으로 추천하고자 한다. 묵상기도를 처음 시작하는 사람들은 이 책의 각 장을 반드시 순서대로 읽고, 순서대로 실천하기 바라며, 절대로 서두르지 말고 어느 정도 충분히 한 단계가 익숙해진 후에 그 다음 단계로 넘어가기를 바란다. 도중에 혹 궁금한 점이 생기면 저자에게 문의해 주기 바라며, 사정이 허락하는 한 기쁘게 함께 논의하고자 한다.

이 책은 위에서 언급한 두 분 토마스 그린 신부님과 제랄드 메이 박사, 그리고 그 외에도 많은 묵상의 길을 먼저 가신 선배님들의 글에서 도움을 받은 바 있다. 아직 너무나도 부족하고 보완해야 할 것들이 많지만, 부족한 대로 우리 시대의 긴박한 필요로 해서 발간을 서두르게 되었다는 점을 독자들이 널리 양해해 주기 바라며, 앞으로 여러분들의 적극적인 수정 및 토론과 함께, 이 책이 제시하는 묵상기도를 실천하면서 얻게 되는 은혜와 열매도 함께 나누게 되기를 기대한다. 끝으로 저자와 이 책을 읽는 독자들 모두가 묵상적 영성의 길을 함께 가게 된 길동무가 된 것을 하나님께 감사드리며, 서로 부축하고 격려하면서 끝까지 갈 길을 잘 갈 수 있도록 하나님의 붙드심과, 그 손길에 우리 자신을 내어 맡기는 순종이 있기를 간절히 바란다.

2023년 2월 말에

길나그네

미주

1. *The Mystic Way of Evangelism: A Contemplative Vision for Christian Outreach.* Elaine A. Heath, McCreless Assistant Professor of Evangelism and Director of the Center for Missional Wisdom at Perkins School of Theology, United Methodist Minister, 2008.

2. 위의 책.

3. 위의 책.

4. 미 출판 소논문, 인터넷에서 인용. 여기서 '묵상적 기도', '묵상적 복음주의'란 'contemplative prayer'와 'contemplative evangelism'을 번역한 말인데, 저자가 왜 'contemplative'란 말에서 '관상적'이란 용어보다는 '묵상적'이란 용어를 선호했는지는 바로 다음, "**명상, 관상, 묵상 용어 해설**"에서 설명할 것이다.

5. 에레모스는 사막 또는 광야로 번역되며, 한글 성경에서는 한적한 곳(눅 4:42), 외딴곳(막 1:35)으로도 번역이 되어 있다. 기독교는 에레모스의 영성이라고 할 수도 있는데, 이에 관하여는 1장에서 자세히 다루었다.

6. *When the Well Runs Dry: Prayer Beyond the Beginnings.* Thomas Green 신부의 두 번째 관상기도에 관한 책으로, 16세기 스페인의 영성가인 아빌라의 데레사와 십자가의 요한의 기

도와 사상에 관한 내용을 현대인이 이해하기 쉽게 풀어낸 책이다. 아빌라의 데레사의 기도에 대한 비유 중 샘이 마른 것처럼 영적 고갈을 느낄 때, 십자가의 요한의 메타포어로서 어둔 밤에 대한 설명이 잘 나와 있다. 저자의 추천으로 2015년 '도서출판 로뎀'에서 최상미 역으로 "샘이 마를 때: 시작, 그 너머의 기도"란 제목으로 출판되었다.

7. *Opening to God: A Guide to Prayer.* 역시 토마스 그린 신부님의 역저로서, 묵상기도에 관하여 아주 쉽고도 실용적인 입문서로서 위의 "샘이 마를 때"와 함께 독자들에게 적극 추천하고 싶은 책이다.

이 책은 헨리 나우엔의 글처럼 화려하지도, 토마스 머튼의 글처럼 심오하지도 않은, 소박하면서도 어느 특정 종파나 경향성에 치우치지 않으면서, 기독교 전통의 관상기도를 제대로 가르쳐 주는 교과서적인 책이다. 이 책 역시 저자의 추천으로 도서출판 로뎀에서 "마음을 열어 하나님께로: 기도편", 최상미 역으로 2012년 출판되었다..

8. *Weeds among the Wheat.* 이 책도 마찬가지로 토마스 그린 신부님의 역저인데, 저자에게는 영성지도의 길을 열어 준 책으로, 이냐시오의 "영신수련"에 나오는 영적 분별법에 관한 지혜를 현대적으로 잘 풀어서 설명해 준 책이다. 역시 저자의 추천

으로 "밀밭의 가라지", 2012년 최상미 역으로 도서출판 로뎀에서 출판되었다.

9. 폴 니터. 미국 유니언 신학교 신학교수, 로만 가톨릭 사제로 출발했지만, 종교 다원주의자로 종교와 문화의 대화를 중요하게 생각한다. "붓다없이 나는 그리스도인일 수 없다"(정경일 역, 2011, 클리어 마인드.)라는 책의 제목에서 알 수 있듯이 불교 전통에서부터 차용한 영성으로 기독교를 설명하려고 한다. .

10. *Christian Mindfulness: Theology and Practice.* Peter Tyler, 2018, SCM Press, London.

11. Han F. de Wit: *The Spiritual Path: An Introduction to the Psychology of the Spiritual Traditions.* Duquesne University Press, 1999. Peter Tyler: *Christian Mindfulness: Theology and Practice.* 2018, SCM Press, London.

12. 토마스 그린(Thomas Green, S. J., 1932-2009). 미국 가톨릭 가정에서 태어나, 사제가 된 후에 노트르담 대학에서 철학박사 학위를 받았다. 예수회 사제이면서, 필리핀 마닐라의 산호세 신학교에서 영성지도자로 섬겼으며, 아테네오 대학에서 철학과 신학을 가르쳤다. 앞서 언급한 책들은 기도에 관한 고전으로 여러 나라로 번역되어 널리 읽혔으며, 한국에도 몇 차례 와서 강연한 적이 있던 것으로 알고 있다. 저자가 묵상기도를 이

해하고 수련을 하는 데에 결정적인 영향을 주었다.

13. 제랄드 메이(Gerald May, M.D., 1940-2005). 어린 시절 감리교 신자로 성장하였으며, 미국 정신과 의사로 일하다가, 나중에는 샬렘 영성연구소에서 관상신학과 심리학을 강의하며, 영성지도자로 섬겼다. 저서에는 베스트 셀러에 올랐던 "중독과 은혜"를 비롯하여, "영성지도와 상담", "사랑의 각성", "영혼의 어둔 밤"(이상 번역되었음.), "Will and Spirit", "Simply Sane" 등 주옥같은 작품들을 많이 남겼다. 그의 작품 중 특히 관상적 삶과 기도에 관한 입문서인 "사랑의 각성"은 침묵과 관상에 대한 아름다운 표현들로 묘사되어 있어 초보자들이 읽기에 매우 인상적이며, 저자도 이 책에서 상당한 부분을 인용한 바 있다. 그는 그 시대의 종교다원적인 흐름 가운데서도 하나님 중심의 관상적 자세를 잃지 않으려고 노력하여 저자에게 많은 도전을 주었다. (그의 논문 "사랑의 빛 견디기"를 참고할 것.)

14. 많은 사람들이 'meditatio'를 '묵상', 'contemplatio'를 '관상'이라고 번역하고 있으나, 일부에서는 'contemplatio'를 '명상'이라고 번역하기도 한다. (예; 토마스 머튼의 "새 명상의 씨앗"에서의 '명상'은 'contemplatio'를 번역한 말이다.) 불교에서는 '명상'이라는 용어를 일반적으로 사용하는데 이것은 유, 무념적인 복합적인 의미이기는 하지만, 궁극적으로는 관상에 해당한다.

15. 성경에서 '묵상'이란 뜻으로 가장 많이 사용된 단어는 '하가' 또는 '하기그'란 말로서 들에서 동물들이 으르렁거리는 소리를 묘사하며, 이를 '말씀을 소리내어 읊조린다, 묵상한다'는 뜻으로 번역하고, 사용했다. "오직 여호와의 율법을 즐거워하여 그의 율법을 주야로 묵상하는도다(시 1:2)". 그러나 '묵상'은 말씀(수 1:8, 시 1:2, 시 63:6, 시 119:148)을 묵상하는 것을 넘어서, '하나님 자신'을 바라보며(시 27:4), '하나님의 하신 일'(시 119:27), '증거'(119:99) 등으로 확대된다. 그리고 이것은 입술의 읊조림을 넘어서 '마음으로'(시 19:14), '즐거워 하며'(시 1:2), '깨닫고'(시 119:27), '속이 뜨거워짐'(시 29:3) 등으로 묘사된다. 그밖에도 이들과는 다른 어근의 '묵상'도 등장하는데, 즉 이삭이 저물 때 들에서 하는 묵상(창 24:63)에는 '슈아흐'란 단어가 사용되었으며, 이는 그 어근이 '(마음을)가라앉히다', '(몸을)굽힌다'는 뜻이다. 이상의 '묵상'에 대한 성경의 용례들을 살펴볼 때, '묵상'이란 지적 기능만을 사용하는 '명상'(meditation)이나, 이를 넘어서는 직관이나 감성만의 작용(contemplation)으로 나누어 볼 수 없는 포괄적이고, 통합적인 개념임을 이해할 수 있다.

16. 토마스 그린 신부님은 그의 책 "*When the Well Runs Dry(샘이 마를 때)*"에서 'meditation/contemplation이라고 표현하였다.(p35)

시작하는 글

"주 여호와 앞에서 잠잠할지어다." (습 1:7)

기도란 무엇인가? 이 질문에 대하여 "내가 하나님께 무엇인가를 아뢰는 것"이라고만 대답한다면 그것은 좀 부족한 대답이 된다는 것을 알 것이다. 대부분의 그리스도인들은 정답을 알고 있다. 그렇다. 기도하는 시간이란 두 인격체, '나'와 '하나님'이 '대화하는', '사귐을 갖는', '나와 하나님이 함께 하는 시간'이라고 하는 것이 정답일 것이다. 옛 영성가들도 이와 유사한 표현을 한 바 있는데, 기도란 '하나님과의 대화'(크리소스토무스), '하나님과의 친밀한 관계'(그레고리오), '하나님을 향한 사랑의 행위이며 사랑을 다 해 하나님을 바라보는 행위'(성 오거스틴), '하나님과 대화하고 하나님을 바라보는 것'(오리게네스)이라고 말했다. 가장 듣기 좋은 답은 아마도 아빌라의 데레사가 말한 것처럼 기도란 "하나님께서 우리를 사랑하신다는 것을 알고, 그 하나님과 자주 이야기하며, 친밀한 대화로써 얻어지는 우정의 나눔, 우정의 체험이다."

그런데 실제로는 이 정답과는 상당히 거리가 멀어 보이는 것이 우리의 기도 시간이다. 정답대로라면 우리가 말하는 것 이상으로 듣는 시간이기도 해야 올바른 대화, 올바른 사귐이라고 할 수 있을 것이다. 그러나 실제로는 그렇지 못하다. 우리의 기도 시간은 일방적으로 우리가 뭔가를 하나님께 아뢰는 것으로만 꽉 채워져 있는 것이 현실의 모습이다. "…주십시오."란 어미가 들어가지 않으면 기도가 안 될 지경이다. 뭔가를 해달라는 것으로 꽉 차 있고, 상황이나 환경이 변하기만을 바라는 기도는 영적 성숙이 없으며, 마치 쉴 새 없이 조르기만 하는 어린아이 같은 모습이다. 그렇게 우리는 오랜 세월 기도해 왔다. 어릴 때 잠자리에 들기 전 기도부터, 밥상머리에서, 밤샘 기도 시간에 드리는 기도에 이르기까지 우리의 모든 기도는 찬양, 축복, 감사, 청원 등등, 나의 계획과 생각과 말로 꽉 채워져 있다. 하나님이 말씀하실 시간은 허락되지 않으며, 따라서 그분의 말을 듣는 기회란 거의 없다. 유일하게 듣는 시간이 있다면, 아마도 새벽기도회에서 실컷 부르짖고 난 다음, 자리에서 일어나기 전 지쳐서 잠시 쉴 때뿐일지도 모른다. 심지어는 기도 시간이란 오히려 하나님이 주로 말씀하시고 우리는 듣는 시간이라고 하면 놀라는 사람도 있다. 그렇게 우리는 오랜 세월 동안 부르짖는 기도에 몰두해 왔다. 시간이 부족할 정도로 더 많이, 더 크게, 때로는 소리소리 지르면서 매달리면서 기도해야 잘된 기도로 여겨 왔다. 그러나 우리는 안다. 당장은 후련하지만, 갈수록 공허해진다는 것을.

대화든 기도든 오랜 관성으로 해서 우리는 듣는 것을 싫어하게 되었다. 누구나 말하고는 싶어 하지만 듣고 싶어 하지는 않게 되었다. 그것은 잘못된 습성이지만, 고치기가 어려운 버릇이다. 우리만 그런 것이 아니라, 오래된 인간의 습성인 모양이다. 하나님은 이런 듣고 싶어 하지 않고, 듣지 못하는 이스라엘에 대한 좌절을 표현하셨다. "어리석고 지각이 없으며 눈이 있어도 보지 못하며 귀가 있어도 듣지 못하는 백성이여 이를 들을지어다(예 5:21)" 예수도 말씀하신 바 있다. "아직도 알지 못하며 깨닫지 못했느냐 너희 마음이 둔하냐 너희가 눈이 있어도 보지 못하며 귀가 있어도 듣지 못 하느냐 또 기억하지 못하느냐(막 8:17~18)"

그 결과 하나님의 음성은 어디서도 듣기가 어렵게 되었다. 하나님은 침묵하신다. 그러나 우리는 하나님 음성이 왜 들리지 않는지 생각을 그다지 많이 한 적도 없다. 아주 어려운 결정을 해야 하는 인생의 몇 안 되는 고비에 가서야 하나님 음성을 듣기 위해 애를 쓰지만, 그것은 쉽게 되는 일이 아니다. 그렇게 우리는 오랜 세월 동안, 말씀하시는 하나님을 놓쳤으며, 듣는 것을 까먹은 채, 그래도 하나님과의 사귐이 가능한 듯 그렇게 기도하고, 마치 하나님이 시키시는 듯 그렇게 사역에 몰두해 왔다. 우리의 기도와 사역은 언제나 열정적이고 효율적이다. 그러나 겉으로 그럴 듯 해 보여도, 시간이 갈수록 뭔가 결핍의 느낌을 숨길 수 없다. 감동을 주는 설교, 아름다운 찬양, 우아한 예배당, 따뜻한 듯한 성도의 교제, 이런 것들로 대신할 수 없는 영혼의 공허함이 점점 자란다. 아무리 사역의 결과가 좋고, 열매가 풍부해 보여도 영혼의 공허함을 메울 수는 없다.

이제 나 자신과 우리의 영혼을 더 깊은 하나님과의 교제로 이끌어 줄 그 어떤 것이 필요하다. 세미한 음성으로 부르시는 하나님의 음성을 듣고 잠들었던 우리의 영혼이 깨어나서, 침묵 가운데서 아직도 말씀하시는 주님께 다가가 다시 살아나기 위하여 우리는 '묵상기도'를 배워야 할 때가 왔다.

올바른 기도, 올바른 하나님과의 대화, 인격적인 사귐이 되려면, 상대가 듣든 말든 일방적으로 부르짖던 것을 멈추고 먼저 마음을 열고 우리 내면 깊은 곳으로 내려가, 침묵 가운데서 그 분을 찾고 그 분과 함께 거하면서 말씀을 들을 자세부터 갖추어야 한다. 토마스 머튼이 말한 것처럼 "우리가 발견했고, 우리가 사랑하고, 우리 가까이 있으며, 우리를 끌어 당기려고 다가오시는 그분 안에 거하는 것"이 바로 묵상이며, 묵상기도이기 때문이다.

묵상, 그리고 묵상기도는 내가 노력하여 만들어 내는 것처럼 보이지만, 그것은 오히려 침묵 가운데서 나를 내려놓고, 마음을 열고 준비하며 기다릴 때 받는 선물이자 은총이라고 할 수 있다. 하나님과 내가 개인적이고 인격적인 관계를 맺고, 이를 소중히 생각하며, 자신의 전 인격, 아니 전 존재로 하나님을 찾아 그분의 말씀을 듣고 그 분 안에 머물며, 그 분과 함께 사는 삶, 즉 묵상적 삶을 살기로 각오하는 사람에게 주시는 은총이다. 그래서 묵상기도는 나 혼자 발버둥 치는 것도, 허공에 대고 혼자서 외치는 것도 아니라, 하나님과 만나 친밀한 대화로 그분과 함께 가며, 그 분과의 사랑 안에 빠지는 일이라고 옛 영성가들은 말한다. 이제 묵상의 세계로 들어가 보자.

1장

에레모스를 찾아서 :
사막교부들의 지혜와
묵상적 삶

티끌에 누운 자들아 너희는 깨어 노래하라
(사 26 : 19b)

우리는 하나님을 아는 일에는 꽤 열심이지만, 나 자신을 아는 일에는 다소 소홀한 감이 있다. 기도를 하나님과 나의 교제라고 생각한다면, 기도를 잘 이해하고 잘하기 위하여 내가 누구이며, 어떤 삶을 살고 있는지를 좀 더 잘 알아야 할 필요가 있다. 왜냐하면, 기도란 우리 존재의 가장 깊은 중심에서 우러나오는 것이어야 하기 때문이다. 내가 누구며, 어디서 와서 어디로 가는 존재인지를 지속적으로 의식하는 것을 정체성이라고 한다면, 그리스도인으로서의 정체성은 우리의 눈을 하나님께로 향하게 하며, 기도라는 통로를 통하여 하나님의 생기가 흘러들어오게 되면 우리의 영혼은 깨어나서 즐겁게 노래하게(사 26:19) 될 것이다. 그러나 우리는 대부분 그런 정체성을 잊고 살아간다. 이 시대가 내뿜는 너무나도 많은 강렬한 자극들과 분주함으로 인해 나를 잃고 살아가게 되었기 때문이다.

삶의 두 모습

우리 삶에는 두 가지 모습이 있다. 하나는 그리스도인의 정
체성을 가지고 주님 앞임을 의식하면서 사는 모습과, 또 하
나는 정신없이 분주하게 살아가는 세상살이의 모습이다. 주
님 앞에서 살 때 나의 삶을 주관하는 것은 나의 영혼이고, 세
상을 살아갈 때 나를 주관하는 것은 나의 자아다. 그렇게 해
서 우리는 두 모습으로 왔다 갔다 하면서 살고 있는데, 즉 **영
혼의 삶**과 **자아의 삶**이 그것이다. 세상에서는 헐레벌떡 생존
내지는 성공하기 위하여 휩쓸려 살고 있다가, 잠시 주일 예배
에 참석하기 위하여 영혼을 챙겨 든다. 미국의 저명한 교육
학자이자 영성가인 파커 파머는 그의 저서[1]에서 우리 인생이
현실에서 살아가고 있는 두 가지 분열된 삶의 모습을 잘 그
려내고 있다. '바깥세상'에서 우리는 나 자신의 진정한 참 자
아[2]와는 다른 사람 역할을 하라는 압박을 거세게 받는다. 이
때 우리의 참된 자아, 곧 영혼은 위협을 느끼기 시작하고, 우
리는 그 위협을 극복하려고 이중적인 삶을 만들어 낸다. 세상
은 위협받는 자아를 달래주기 위하여 많은 위안거리를 동원

하는데, 마취제와 마약, 성적 위로 등 쉽게 알 수 있는 것뿐 아
니라, 일견 건전해 보이는 온갖 스포츠, 아름다운 영상과 짜
릿한 게임, 그럴듯한 가상현실들이 갖가지 명목으로 제공된
다. 그러나 이들이 겉으로 악하게 보이든 좋게 보이든, 진실
을 가리는 위장이라는 점에서는 다를 바 없다. 그리고 가끔,
자책감을 달랠 정도로만, 예를 들면 주일날이나 기도회 때 숨
어버린 우리의 영혼을 달래기 위하여 우리는 마음 깊은 곳,
숨겨진 영역으로 들어가 하나님을 찾는 시늉을 한다. 우리는
이 두 영역, 세속의 역할과 숨겨진 영혼의 삶 사이를 출퇴근
하듯 살아간다고 그는 말한다. 예배 때, 말씀을 묵상할 때, 찬
양할 때 등 한순간 영혼이 주도하는 삶을 살 때도 있지만, 안
타깝게도 이 세상에서 사는 동안 대부분의 시간은 가면을 쓴
자아로, 온갖 방어로 무장한 자아가 주도하는 삶을 사는 것이
오늘날의 우리 삶의 모습이다. 우리가 현실 세계에서 성공하
고, 적어도 살아남고자 마음먹을수록, 바깥 세계의 요구가 버
거워질수록, 우리의 영혼은 마음속 깊은 저 구석으로 밀려나,
우리의 자아와 영혼은 서로 단절된 삶을 살게 된다. 그 결과
우리의 영혼은 아주 깊은 잠에 빠져 웬만한 채찍이나 부르심

에는 꿈쩍도 하지 않은 채 곯아떨어져 있게 된다.

깨어남

내가 잘지라도 마음은 깨었는데 나의 사랑하는 자의 소리가
들리는구나 (아 5:2a)

지혜로운 치료자 제랄드 메이는 그의 책 "사랑의 각성"[3]에서
우리 모두의 마음 깊은 곳에는 사랑에 대한 숨겨진 갈망이 있
는데, 그것은 사랑하고 사랑받으려는, 사랑 안에 의식적으로
존재하려는 갈망이며, 그런 갈망 안에서 매 순간마다 깨어 있
을 때 비로소 우리는 진정한 우리의 모습을 깨닫게 된다고 하
였다. 그 갈망은 우리의 진정한 정체성, 존재 이유이며, 바로
하나님의 형상이라고 그는 단언한다. 그렇지만 우리는 상처
받는 것에 대한 두려움 때문에 사랑을 선택하지 못하고, 사랑
에 대한 갈망을 억누름으로써 엄청난 아름다움과 기쁨의 공
간들이 열리는 것을 포기하고 만다. 그 결과 우리의 영은 마

음 깊은 곳에 문을 걸어 잠그고 잠들어 있게 되며, 그 대신 자아가 생존을 위하여 발버둥 치는 삶을 살게 된다. 메마르고 지친 자아가 드리는 기도는 하늘에 닿지 못하고 허공을 맴도는 독백이 되고 만다. 우리의 기도는 물이 마른 샘에서 긁어대는 잡음에 불과하다. 바로 지금 우리는 독백을 멈추고, 하나님이 우리를 깨우시는 소리에 귀를 기울이어야 한다. 제랄드 메이는 16세기 이베리안 영성가인 십자가의 요한의 말을 인용하여 우리를 일깨우시는 하나님의 열정을 묘사한다. "얼마나 부드럽게, 사랑스럽게, 당신은 내 마음을 깨어나게 하셨는지…".[4]

한편 성경은 반복해서 우리가 어둠에 맞서 험난한 이 세상을 하나님과 함께 동행하며 살아가려면, 우리의 영혼이 깨어 있어야 한다고 경고하고 있다.

근신하라 깨어라 너희 대적 마귀가 우는 사자같이 두루 다니며 삼킬 자를 찾나니 (벧전 5:8)

너희가 나와 함께 한 시간도 이렇게 깨어 있을 수 없더냐? 시험에 들지 않게 깨어 기도하라 마음에는 원이로되 육신이 약하도다 (마 26:40b-41)

이렇게 기도하는 그리스도인은 먼저 깨어나야 한다는 사실을 절실히 의식하지 않으면 안 된다. 깨어난다는 것은 삶의 관습과 중독과 관성으로부터 벗어나는 것이며, 세상에 묶여 있던 자아가 자유롭게 되는 것을 의미한다. 그래야 거룩한 사랑, 하나님을 향한 선택이 가능하기 때문이다. 기도란 사랑을 향하여 마음을 여는 것이기 때문에 세상으로부터 자유로워야 한다. 그러므로 기도를 잘하기 위해서는 반복해서 깨어나야 하며, 깨어남을 유지해야 한다. 깨어난 사람만이 희미하게 들리는 하나님의 음성을 들을 수 있다. 비로소 우리의 영혼은 주님을 바라볼 수 있게 된다.

내가 너를 지명하여 불렀나니 너는 내 것이라...내가 너를 보배롭고 존귀하게 여기고 너를 사랑하였은즉... (사 43:1, 4)

어떻게 해야 깨어날 수 있다는 말인가? 깊은 명상수련을 오랫동안 해야 한다는 것인가? 아니면 특별한 신학적 탐구를 해야 한다는 것인가? 특별한 묵상기도의 방법들, 렉시오 디비나나 아이콘 기도 등을 알아야 한다는 말인가? 물론 아니다. 그런 것들은 다 필요하지 않다. 놀랍게도 너무나 간단하다. 겸손한 마음으로 우리의 내면을 향하여 의식을 반복해서 바라보며, 선하신 하나님이 틀림없이 우리를 부르신다는 믿음을 가지고 기다리는 것이다. 이 말이 받아들여진다면 그 사람은 이미 깨어나고 있다는 것을 의미한다. 묵상기도를 시작하는 사람들의 출발점은 바로 이 지점이며, 여기서 우리가 갖추어야 하는 마음의 준비는 두 가지 뿐이다. 즉 겸손과 믿음이다. 겸손에 대하여는 또 다른 이베리안 영성가인 아빌라의 데레사도 강조한 바 있지만, 나 자신이 가난하다는 것, 영적으로는 아무 것도 가진 것이 없다는 것, 사랑에 관한 한 거지에 불과하다는 것, 그래서 간절한 갈망이 있다는 것을 깨닫는 것이다.

네가 말하기를 나는 부자라 부요하여 부족한 것이 없다 하나 네 곤고한 것과 가련한 것과 가난한 것과 눈먼 것과 벌거벗은

것을 알지 못 하는도다(계 3:17)

이것이 절실하게 와 닿지 않는다면, 먼저 그것을 구하는 것이 필요하다. 가난을 구하라. 가난이 구해지지 않는다면 좀 더 세상에서 헤매는 수 밖에 없다. 아직 깨어날 때가 안 되었는지도 모른다. 이것은 묵상기도를 처음 시작하는 사람만을 위한 충고는 아니다. 깨어나서 사랑을 따라 사는 사람들도 종종 잠에 빠지기가 일수다. 묵상기도의 여정에서 길을 잃은 느낌이 들 때는 우리는 자주 이 계시록 말씀을 상기하면서 가난해지기를 반복해서 구해야 한다.

두 번째는 더 설명할 필요가 없는 믿음이다.

믿음이 없이는 하나님을 기쁘시게 하지 못하므로 하나님께 나아가는 자는 반드시... 믿어야 한다 (히 11:6)

사랑 안에 거하는 것은 매우 두려운 일이고, 기도는 새롭고도 위험한 영역으로 나아가는 것이므로 우리가 가질 수 있는 유일하고도 최선의 무기는 하나님을 신뢰하는 것 뿐이다. 다른 방법은 없다.

겸손과 믿음으로 주님의 부르심을 듣고 깨어난 그리스도인들은 비로소 자신이 처한 현실과 자신의 정체성을 똑바로 바라볼 수 있게 된다. 시 139편은 이를 아름답게 표현하고 있다.

주님께서 나의 앞뒤를 두루 감싸 주시고, 내게 주님의 손을 얹어 주셨습니다.…내가 저 동녘 너머로 날아가거나, 바다 끝 서쪽으로 가서 거기에 머무를지라도, 거기에서도 주님의 손이 나를 인도하여 주시고, 주님의 오른 손이 나를 힘있게 붙들어 주십니다.…깨어나 보면 나는 여전히 주님과 함께 있습니다. (시 139:5-18)

이렇게 내 영혼이 깨어나서 주님의 임재를 느끼며 사는 것이 바로 그리스도인의 정체성의 결정판이라 할 수 있으며, 진정한 기도의 시작이자 끝이며, 묵상기도자의 참다운 삶이라고 할 수 있다.

샘이 마른 시대

지금은 그 어느 때보다도 물질적으로 풍부한 시대인 것만은 틀림없다. 온갖 안락함을 제공하는 편의시설과 기구들을 손쉽게 사용할 수 있으며, 풍요로운 먹거리들이 넘쳐난다. 즐거움을 선사하는 자극들이 잠시도 우리의 눈과 귀를 내버려 두지 않으며, 화려한 문화와 예술의 수준은 우리가 세계를 선도한다는 자부심으로 하늘을 찌를 듯 하다. 그러나 속은 전혀 다르다. 어디에도 안전하다거나 평온한 쉼은 없으며, 치열한 경쟁과 빈부, 우열의 격차는 높은 자살률과 마약범죄의 심각한 급증으로 이어지고 있다. 인간관계는 메말라 가고, 각각의 영혼은 풍요로운 겉치레 속에서 외로움으로 신음한다. 명상, 요가, 치유에 관한 광고는 요란하지만, 어디에도 진정한 회복의 모습은 보이지 않고 있다. 바쁘고 치열한 삶, 풍요롭고 감각적이고 유혹이 많은 삶에서는 우리 내면 깊이로부터 영혼을 불러낼 만한 시간과 관심이 부족해 진다. 기도에 대한 갈망은 무디어지고 우리의 영적인 삶은 형식적이고 메말라 갈 수 밖에 없다. 그렇게 해서 영혼이 마시고 깨어날 종교의 샘은 이미 메말라 버린 지 오래된 것 같다. 영적으로는 풍요로움 속의 빈곤이란 표현이 딱 들어맞는 시대이다.

에레모스를 찾아서

오늘날과 매우 유사한 시대가 과거에 또 있었다. 바로 4세기 초에 기독교가 로마제국의 공인을 받고 그리스도인들이 이제까지의 탄압과 궁핍에서 벗어나 안정적이고 축복받은 신앙과 삶을 살기 시작했을 때이다. 당시의 기독교 사회도 오늘날과 마찬가지로 풍부함 속에서 영적으로 샘이 마른 시대였다. 그런데 이상하게도 일단의 사람들이 하나님을 찾아 단지 기도하기 위하여 죽음을 무릅쓰고 사막(이집트 스케티스사막)으로 들어가는 일들이 벌어지게 되었다. 황량한 들판에서 해충과 굶주림과 고독과 싸우면서 이들은 치열하게 하나님을 찾기 시작했고, 그들의 기도는 치유와 기적을 나타내기 시작했으며, 영혼의 갈망으로 깨어난 사람들을 하나 둘 불러 모으기 시작하였다. 그렇게 해서 기독교의 영성은 사막에서 다시 꽃을 피우기 시작하였는데, 후에 이들은 사막의 교부들이라고 불리워졌으며, 이들의 영성은 서방 수도원의 묵상적 영성으로 이어져 오늘날까지 기독교 영성의 본류로 이어져 내려온다.

사실은 우리가 관심을 크게 기울이지 않아 왔을 뿐, 에레모스[5], 즉 광야 또는 사막은 원래부터 하나님이 사람을 부르셔서 만나주시고, 소명을 깨우쳐 주시고, 하나님과 동행하는 훈련의 장소로서 하나님이 택하신 장소 있던 곳이며, 그렇게 해서 유대교와 기독교가 시작된 장소였던 것이다. 에레모스는 황폐한 죽음의 땅이면서 사람의 손 때가 묻지 않은 순수함을 간직한 곳으로 기독교 영성의 핵심이 되는 장소이다. 노마드 아브라함을 부르신 곳도 사막이며, 불타는 떨기나무에서 하나님이 스스로를 "나는 나다."라고 모세에게 나타내신 곳도 사막의 호렙산이며, 모세는 바로 그곳에서 수십 년을 훈련받고, 자기 정체성과 소명을 받은 곳이기도 하며, 곧 이어 이스라엘 민족이 하나님 백성이 되기 위하여 사십 년을 단련받은 곳도 사막이었다. 엘리야가 죽음을 눈 앞에 두고 하나님을 만나기 위하여 달려간 곳도 사막이다. 주님의 길을 예비하러 온 세례 요한도 광야, 즉 사막으로부터 나타났다. 아브라함과, 모세와 엘리야와 세례 요한, 이들의 하나님은 사막의 하나님이었으며, 하나님이 인간을 만나시길 원한 곳은 에레모스, 사막이었다.

에레모스의 영성은 예수에게서 정점을 이룬다. 예수는 세례를 받으신 후 성령이 충만하여, 요단으로부터 돌아와 성령에 이끌리어 광야로 들어가셨다. (눅 4:1-2) 그곳에서 세상 구원을 놓고 마귀와 한판 싸움을 벌여 승리하신 후, 자신의 정체성을 선포하시고 비로소 사역을 시작하셨다.[6]

그러므로 에레모스는 기독교 영성의 원형이자 시작의 장소로서 그리스도인의 정체성과 소명은 사막과 더불어 시작되며, 사막은 쉼과 회복의 땅이며, 부르짖음과 침묵 가운데 하나님과의 만남이 이루어지는 장소이다. 아브라함, 이삭, 야곱처럼 예수는 에레모스를 사랑하셨다. 그 분은 기도, 즉 하나님과의 대화를 위하여 이른 새벽에 한적한 곳, 곧 에레모스로 가사 기도하셨으며, 제자들에게도 적극 권하셨다. (막 1:35, 눅

5:16, 막 6:31) 그 후로도 에레모스는 그 분을 따르는 제자들, 베드로, 바울, 그리고 수 많은 사막의 압바스와 암마스들, 그리고 수도원의 수도자들에게 하나님이 부르시는 장소가 되어 왔다.

아주 이른 새벽에, 예수께서 일어나서 외딴 곳으로 나가서서, 거기에서 기도하고 계셨다. (막 1:35)

사막으로 들어간 사람들, 그들의 삶과 기도와 지혜

사막으로 들어간 사람들을 세상에서는 '모나코스'라고 불렀는데, '모나코스'란 말은 본디 '홀로'라는 뜻으로 독신자를 의미했으나, 동시에 지상의 부와 인간적인 걱정에서 벗어나 자신의 진정한 자기를 되찾으려는 의지를 가지고 사막의 고독 속으로 나아가, 그들을 인도하신 하나님께 온전히 헌신하려는 의지의 표현을 뜻한다.[7]

우리가 하나님을 만나고 싶어하고 기대하는 장소는 아름답고 화려한 곳이다. 신비한 모자이크 장식을 배경으로 아름다운 파이프 오르간의 선율이 장엄하게 흐르거나, 그룹 반주에 맞추어 뜨겁게 분위기를 달구는 기도회, 우아하고 고상한 성도들의 교제 가운데 같은데 말이다. 그러나 아이러니하게도 하나님이 사람을 만나고 싶어 하시는 장소는 그런 곳이 아닌 황량한 땅 에레모스다.

에레모스에서의 그들의 삶은 무엇보다도 철저한 고독과 침묵의 실천이었다. 그것은 깊은 기도 속에서 하나님과의 교제에 온 힘을 다하기 위해서였기 때문인데, 그들은 예수의 가르침처럼 움막이나 동굴 속 골방에서 홀로 삶을 유지하였으며, 나중에는 죽음과 위험으로부터 서로를 보호하기 위하여 집단생활을 하게 된 후에도 홀로 함께, 함께 홀로라는 삶의 형태는 유지하였다.[8]

그들의 일상은 단순하였으며, 포이멘과 같은 대표적인 사막의 수도사들의 하루는 손노동, 하루 한 끼 식사, 침묵, 묵상

(하나님 말씀 암송)으로 이루어져 있다. "네가 독방에 머물 때는 손노동, 묵상, 기도, 이 세 가지에 열중하라." 물론 그 중에서도 기도와 묵상이 중심을 이루었는데, 참된 수도승은 마음속에 늘 시편과 기도가 들어 있어야 한다고 했다.[9]

그러나 사막의 교부들의 기도에서 오늘날 우리가 가장 본받아야 할 부분은 침묵 가운데서 이루어지는 묵상기도이다. 그들은 하나님을 만나기 위한 준비로서 자신의 마음 속을 잘 성찰하고 예수의 수훈처럼 마음을 청결하게 하는 것에 무엇보다도 심혈을 기울였다. 에레모스의 교부들은 침묵 가운데서 "허공으로 말고 내 안으로 들어가라. 교부들의 골방으로 들어가듯이", "하나님 나라는 네 안에, 너희 안에, 관계 안에 있다."는 격언들을 실천하려고 노력하였다. 요한 카시아누스는 이렇게 기도자들이 입을 다물 뿐만 아니라 마음을 비워 침묵으로 겸허히 하나님만을 바라보는 태도를 "마음의 순결"이라고 불러 가장 중요한 신앙의 태도로 추구하였다. "너희는 가만히 있어 내가 하나님임을 알지어다. (시 46:10)"[10]

그리고 그들의 침묵은 자신의 내면을 어지럽히는 온갖 욕망과 심리적인 문제들을 깊이 성찰하는 것으로 이어진다. 그들이 자신의 내면의 문제들을 심리학적으로 성찰하는 것을 보면 놀라울 정도로 에레모스의 심오한 지혜와 탁월한 심리학이 들어 있다. 말하자면 사막교부들은 현대 심리학자와 정신분석가들의 원조 격이라고나 할까. 이는 바로 자아에 대한 탐구, 즉 마음의 명료함을 얻고자 하는 그들의 열망이 이런 내적 세계에 대한 탐구에 몰두하게끔 한 것이다.

에레모스, 그곳은 한적한 곳, 쓸쓸한 곳, 버려진 땅, 아무도 없는 외로운 곳이다. 사막에서는 편리함과 우아함이 사라지고, 삶은 아주 단순한 선택 몇으로 축소되며, 전갈과 메마름으로 인해 자칫 잘못된 결정은 치명적이어서 바로 죽음으로 이어진다. 이에 비하여 그 시대의 삶은 온갖 자극과 편리함에 젖어 있고, 중독, 소비주의, 난잡함, 탐욕과 폭력 등이 복잡하게 얽혀 있어 상실, 쫓겨남, 고통, 슬픔 같은 것들을 너무나 능숙하고 쉽게 마비시킨다. 그러나 사막은 이제까지의 편리함과 안락함만을 추구하던 생활을 어쩔 수 없이 버리고 삶의 가장 원초적이고 본질적인 자세로 돌아갈 수 밖에 없는 곳이다. 사막에서 할 수 있는 유일한 일은 자아를 내려놓는 일이다. 사막으로 들어간 기도자들은 이제까지 그들을 지탱해 왔던 논리, 자존심, 긍지, 그것이 선한 것이든 아니든 나의 모든 계획을 내려놓고 마음을 비운 채 침묵 속에서 하나님만을 바라볼 수 밖에 없는 상황이 되었고, 그제야 비로소 하나님은 그들에게 자신의 모습을 나타내시고 음성을 발하셨다. 자아가 죽는 곳, 네가 있는 곳은 신성한 곳이니 신발을 벗으라고 말씀하시는 곳(출 3:5)에서 비로소 사막의 기도자들은 하나님의 음성을 들을 수 있었다.

그렇게 그들의 침묵은 그냥 마음을 비우는 침묵이 아니라 하나님의 말씀과 임재로 채우는 침묵, 즉 "침묵은 비어 있음이 아니라 충만함이고, 부재가 아니라 현존의 알아차림이다."[11] 에레모스의 교부들이 노년까지 바위와 모래에서 지내면서 마음의 온갖 잡념과 유혹을 이겨내려고 노력했던 것은 하나님을 만나기 위함이었으며, 동시에 이것은 다만 진정한 그들 자신이 되기 위해서였다. 그들을 자신한테서 갈라놓는 세상을 잊고 '정상적인' 그들 자신이 되기 위해 사막에 왔기 때문이다. 고독을 추구하거나 이 세상을 버리는 데에는, 이것 외에는 다른 정당한 이유가 있을 수 없었다. 하나님을 보기 위해서는 자아가 죽어야 하는 곳, 그곳에서야 비로소 그들은 하나님이 진정으로 원하시는 기도를 다시 시작할 수 있게 되었다. 따라서 사막의 경험은 어두움과 두려움만 있는 것은 아니다. 주님이 주시는 생수를 다시 맛볼 수 있는 곳이고, 내 영혼이 다시 소생할 수 있는 곳이며, 그곳에서 새롭게 받은 소명을 위하여 허리띠를 졸라매는 곳이기도 하다. 그래서 사막에는 주 안에서 빛과 기쁨이 있기도 하다.

여기서 잠시 읽던 것을 멈추고 이제까지 언급한 사막교부들의 영성의 주요 핵심을 다시 한번 음미하면서, 침묵 가운데서 생각을 해 보자. 그렇다면 우리의 에레모스는 어떻게 찾을 수 있을까?

잃어버린 참자아, 영혼을 찾아가는 길, 묵상적 삶

선교지에서 열정을 다 태우고 지친 나머지 포기에 직면했거나, 사역에서의 인간관계에 갈등으로 영혼의 샘이 메말라 버린 경우, 삶에서의 어려운 고비를 만났지만 주님을 놓친 경우 우리는 어디서부터 시작해야 할지 모르고 헤매게 된다. 과거 같으면 더욱 힘차고 열정적으로 매달려야 된다는 강박에 나를 내몰았겠지만, 그러나 이미 현대의 자극적인 감각들, 열정적인 기도, 지적인 설교, 감각을 파고드는 찬양, 이런 것들로 우리 뇌는 중독이 되어 있다. 오히려 지나친 자극과 유혹들, 이런 것들은 하나님의 길을 가는데 방해만 될 뿐, 자극적이면 그럴수록 갈증만 되풀이 된다. 뜨겁게 기도해서 쉽게 응답을 받는 것에 중독이 되면 믿음의 인내가 떨어지고 성숙은 없게 된다. 어느 덧 하나님 자신보다 주시는 은혜에 매달리고, 참 사랑은 변질된다. 영적 기질은 천박해지고, 자아는 욕구충족 만을 바라게 된다. 자기만족만이 판을 치고, 겸손, 자비, 순종, 양보, 그리고 사랑과 같은 덕목들은 옅어져 간다.

그러나 어떻게?

우리는 이 세상과 너무 철저하게 연루되어 있다. 토마스 머튼의 말대로 우리의 위험은 훨씬 절망적이며, 우리에게 주어진 시간은 우리가 생각하는 것보다 더 짧을지도 모른다.[12] 현실적으로 사막으로 들어갈 수 없는 이 시대의 삶에서 우리는 우리의 방식으로, 쇠퇴해 가는 세상에 얽힌 것에서 어떻게 우리 자신을 해방할 수 있을 것인가? 어떻게 해야 마음을 비우고, 하나님을 바라볼 수 있을 것인가?

제자들에게도, 4세기 사막의 기도자들에게도 그랬던 것처럼 오늘날에도 주님의 부르심은 마찬가지로 유효하다. "너희는 따로 외딴 곳(에레모스)으로 와서 좀 쉬어라(막 6:31)"

결국 사막의 교부들이 에레모스를 찾아 간 것은 잃어버린 자신의 영혼을 주님에게서 찾기 위해서이다. 오늘날 물리적인 사막은 일반 그리스도인들에게는 접근하기 어려운 땅이 되었지만, 그 사막이 의미하는 바, 고독과 침묵 속에서 하나님께 부르짖고, 하나님의 음성을 듣고 하나님을 만나는 장소를 오늘날 우리도 절실히 필요로 하고 있다. 이 시대는 에레모스의 기도자들의 지혜를 다시 발견하고 우리 시대에 결여된 요소들, 그들이 보여준 참 그리스도교적 가치들-고독과 침묵, 금욕 수행과 관상, 내면성과 무상성, 단순성과 엄격성, 영적 부성과 순명, 포기와 겸손-을 탐구하는 장소, 아니 그 장소가 의미하는 바, 방법을 찾아야 한다. 뤼시앵 레노는 "그들은 물질적 번영과 찰나적 쾌락추구의 공허를 뼈저리게 통감하는 모든 이에게 참된 행복의 조건을 명백하게 상기시켜 준다.... 현대 도시의 소음 속에서 우리가 거짓도 변명도 위선도 없이 진리를 찾아 나아갈 수 있는 비옥한 외딴 곳을 재발견하도록"[13] 우리를 격려하고 도와준다고 하였다.

여기서 에레모스가 의미하는 핵심적인 것은 일상의 삶의 구습과 압박으로부터 우리 자신을 분리시키는 것이다. 그리고 그 밑을 흐르는 하나님의 사랑의 흐름에 몸을 담그고자 하는 순수한 갈망을 바라보는 것이다. 그렇기 위하여 우리는 광야에서 침묵해야 한다. 왜냐하면 묵상은 침묵 가운데 하나님을 듣는 것으로부터 시작되기 때문이다. 우리는 침묵 속에서 우리 주위의 창조세계를 보고 들으면서, 침묵 속에서 창조의 아름다움을 더 깊이 느끼고, 깨닫고 새롭게 경험한다. 우리는 우리의 감각을 열고 시간을 갖고 천천히 듣고, 보고, 만지고, 맛보고, 냄새를 느끼며 하나님의 창조세계를 경험한다. 침묵으로부터 시작하여 우리는 하나님께로 우리의 주의를 돌리고, 우리의 오감을 통하여 하나님을 느끼는 경험을 하게 되고, 드디어 침묵 속에서 내가 하나님과 함께 살아 있음을 느끼게 된다. 침묵이 함께 공동체에서 이루어질 때 치유가 일어난다. 힐링과 함께 우리는 침묵을 껴안고, 침묵은 우리를 껴안아 하나님의 축복을 전달하고 우리는 하나님의 임재 가운데서 영적 충전을 받는다. 바로 이것이 저자가 이 책에서 소개하려고 하는 묵상기도인 것이다.

묵상적 퇴수회

한적한 곳, 쓸쓸한 곳, 버려진 땅, 아무도 없는 외로운 곳, 광야, 빈들, 사막인 에레모스는 침묵 가운데서 오늘날에도 치유와 소명의 땅이 된다. 에레모스의 의미를 이해한다면 우리는 오늘날에도 우리의 삶의 주변에서 그와 같은 곳을 찾아낼 수도 있다. 하나님은 언제 어디서나 우리를 부르시며, 우리의 할 일은 그 거룩한 부르심에 우리가 듣고 반응하도록 자신을 허락할 수 있는 상황을 만드는 것이다. 이제까지의 습관을 깨고 세상의 잡음을 걸러낼 수 있는 떨어진 장소를 찾아 잠시 그 곳으로 물러나는 것이다. 그것은 어떤 특정한 장소만을 의미하는 것은 아니다. 우리의 에레모스가 다름 아닌 우리의 마음 깊은 곳, 내면에 있음을 깨닫게 된다. 바로 여기서 "하나님의 왕국은 바로 네 안에 있다.(눅 17:21)"라는 주님의 외침을 들을 수 있게 된다.

또 '보아라, 여기에 있다' 또는 '저기에 있다' 하고 말할 수도 없다. 보아라, 하나님의 나라는 너희 가운데에 있다.(눅 17:21)

"심령 깊은 곳으로 돌아가 거기서 하나님을 찾아라."고 참회

자 어거스틴이 표현한 대로, 오랫동안 그리스도인들은 삶 가운데서 일정 기간을 분리하여 얼마 동안 조용한 장소를 찾아 마음의 에레모스로 물러나는 이 과정을 'recollection'14, the act of remembering, re-collecting, re-membering이라고 불렀다. 즉 우리 자신과 하나님과 그리고 우리를 붙드시는 사랑을 기억하는 행위를 의미하는데, 이렇게 한적한 곳을 찾아 잠시 우리의 내면에서 주님을 만나는 작업은 기독교 역사에서 늘 있어 왔으며, 때로는 이를 순례라고 부르기도 하였고, 피정 또는 퇴수회라고 부르기도 하였다. 우리는 이 기간 동안 침묵의 바늘과 고요의 실을 가지고 흐트러진 우리 자신의 감각과 조각난 하나님 경험을 꿰매게 된다.

묵상적 퇴수회(예배 또한)는 하나님 앞에 나아가 있으면서, 듣고 기다리는 것이다. 침묵과 고요를 발견하고 유지하는 것이다. 심지어는 어떤 활동을 하더라도 그 과정에서도 마찬가지이다. 우리가 찬송하거나, 서로 먹고 마시는 중에서도, 참예하고 듣고 기다리며 침묵을 유지한다. 그리고 충만한 감사와 자비를 느끼게 된다. 감사는 식사시간으로부터 퍼져, 모든 묵상의 시간들, 요소들, 빗소리, 따듯한 불볕, 다른 이의 미소, 추운 밤 포근한 이불, 빵을 굽는 냄새, 이슬방울의 반짝임, 책장을 넘기는 소리 등으로 퍼져나간다. 그리고 이 모든 것은 묵상기도가 된다.

예수의 산상수훈, 특히 팔복에 대한 말씀들, 그리고 이 말씀을 온 몸으로 실천하는 사막의 교부들의 삶이 바로 묵상적 삶과 기도이다. 이 묵상적 삶과 축복을 위하여 하나님은 당신의 거룩한 열정으로 우리를 부르신다. 묵상적인 인간은 그 분을 듣고, 그 분에게서 힘을 얻어 하나님의 파트너로서 삶을 살아가기를 원하신다. 우리에게 침묵과 한적한 장소가 필요한 것은 바로 이러한 이유 때문이다.[15]

일상에서의 미니리트릿(mini-retreat),[16] 묵상기도[17]

그러나 현실은 만만치가 않은 것도 사실이다. 가족과 일과 일상생활을 완전히 버리고 홀로 광야로 떠나는 기쁨을 우리

들 대부분은 얻을 수 없는 것임을 깨달을 수 밖에 없다. 그러
나 우리 삶의 대부분을 그대로 유지하면서 두 가지 에레모스
의 사막생활을 실제로 살아가는 방법이 있는데, 그 하나는 방
금 설명한 일정 기간의 리트릿으로서 일년 중 잠시 시간을 내
어 떠나 보는 것으로, 피정이라고도 불리고 묵상퇴수회라고
불리기도 한다. 핵심은 홀로 어디든 일정 기간 동안 며칠이
든 주말 동안이든 공간을 내어주는 수도원이나 기도원 같은
숙소를 찾아, 텔레비전이나 핸드폰 등 문명과의 연결을 끊고,
침묵과 묵상을 실천하는 것이다. 많은 경우 단체로 떠날 수도
있지만, 그 기간이 함께 하는 프로그램이나 토론으로 뒤덮여
서는 안 되며 가능한 한 많은 시간을 함께 홀로, 홀로 함께 침
묵해야 한다.

두 번째 일상에서 에레모스에서의 삶을 실천하는 아주 중요
한 방법은 앞으로 이 책에서 주로 설명하려고 하는 일상에서
의 묵상기도가 곧 그것이다. 묵상적 삶을 사는 것은 위에서
설명한 것처럼 하나님의 임재를 의식하면서 사는 것을 말하
는데, 그 중심에는 묵상기도가 있다. 아무리 매 순간 하나님

을 의식하면서 산다고 해도 그것은 충분히 깊이 있는 하나님 사랑이 되지 못 한다. 하루에 한, 두 번 특별히 시간을 내어서 (30분~1시간) 기도 가운데서 하나님과 깊은 교제로 나아가는 것이 우리 그리스도인의 기본이다. 묵상기도에 관해서는 오랜 기독교 전통, 특히 수도원 전통(monastic tradition)에서 굉장히 다양하게 이해되어지고 실천되어져 내려왔으므로, 간단히 설명하기가 매우 어렵지만, 외형적인 종류나 형태보다는 그 흐름을 관통하고 있는 기본적인 요소들을 이해하는 것이 매우 중요한데, 일단 묵상기도는 다음의 4 가지 요소로 이루어져 있다는 점을 간략히 언급하고자 한다. 즉 1) 조용히 한다(침묵), 2) 하나님(의 말씀)을 경청한다, 3) 분별한다, 4) 하나님과 동행한다(연합한다).[18] 앞으로 묵상기도에 관하여 구체적으로 설명을 하고 실천하는 방법을 제시할 터이지만, 이 책에서는 특히 침묵과 경청의 단계를 중심으로 설명해 나갈 방침이다.[19]

미주

1. 파커 파머(Parker Palmer). 미국의 저명한 교육학자이자 영성가, 사회운동가. 퀘이커 영성가이며, 펜들 힐 공동체 경험에서부터 나온 비폭력운동을 창시, 현재도 이끌고 있다. 대표작으로는 "삶이 내게 말을 걸어올 때"가 대표작이며, "다시 집으로 가는 길"(김지수 옮김, 헌언출판사, 2014) 등의 작품에서는 다원주의적 요소가 있지만, 그의 안전써클에 대한 구성과 비폭력 대화는 탁월한 지혜를 전해 주고 있다.

2. 영성가들은 참자아, 참자기라고 부르지만, 그것은 현대 심리학의 영향을 받은, 그러나 아직 제대로 학술적으로 합의된 바 없는 애매한 표현이다. 그리스도인들에게는 영 또는 영혼이라고 할 수 있다.

3. 제랄드 메이. 미국 정신과 의사이자, 샬렘 영성연구소의 영성지도자. ('책 머리에'의 미주 8을 참조할 것.) "사랑의 각성"(김동규 역, IVP, 2006)

4. 위의 책, 85쪽.

5. 에레모스는 사막 또는 광야로 번역되며, 한글 성경에서는 한적한 곳(눅 4:42), 외딴 곳(막 1:35)으로도 번역이 되어 있다.

6. "주님의 영이 내게 내리셨다. 주님께서 내게 기름을 부으셔서, 가난한 사람에게 기쁜 소식을 전하게 하셨다. 주님께서 나를

보내서서, 포로 된 사람들에게 해방을 선포하고, 눈먼 사람들에게 눈 뜸을 선포하고, 억눌린 사람들을 풀어 주고, 주님의 은혜의 해를 선포하게 하셨다." (눅 4:18-19)

7. "사막의 교부 이렇게 살았다". 뤼시앵 레노 지음. 허성석 옮김, 분도출판사, 2006.

8. 사막의 독거 수도승들은 평일에는 독방에 홀로 있었지만, 토요일과 일요일에는 일상을 멈추고 한군데 모여서 주일 전례, 즉 성찬례와 '아가페'라고 하는 공동식사를 하였고, 그룹으로 모여 서로 영적 담화를 나누고, 사막 생활, 규칙, 악령과 상념들에 맞선 투쟁들에 대하여 밤늦도록 영적 담화를 나누었는데 바로 이것이 후대에 전해진 사막교부들의 금언집이다. 전례에서 읽힌 성경구절들은 일주일 내내 암송하였으며, 전례와 아가페가 끝난후 제자들은 원로에게 저마다의 생각에 관하여 질문을 하거나 토론을 하기도 했다. (위의 책)

9. 수도승들이 침묵 가운데서 묵상기도만 한 것은 아니다. 기록에 보면, 골방에 들어가 두 손을 하늘로 뻗치고 하나님께 부르짖으며 기도하라는 대목도 나온다. 그리고 수도승들은 혼자 있을 때나 새벽 함께 경배를 드릴 때는 큰 소리로, 아름다운 곡조로 창조주 하나님의 위대하심을 찬양하였다. 이 전통은 후대로 이어져서 오늘날까지 경배와 찬양은 가장 높은 수도원

적 활동이며, Opus Dei, 즉 거룩한 독서와 말씀묵상은 손노동과 함께 삶의 모습이 되었다. 오늘날 일부 영성가들은 마치 사막의 교부들이 관상기도만을 한 것처럼 강조하는 경우도 있으나, 나의 내면을 향하는 관상기도만이 아니라 하나님을 절대 타자로서 간절히 바라보면서 부르짖는 기도도 함께 했다는 사실을 잊어서는 안된다. (*The Recollected Heart: A Guide to Making a Contemplative Weekend Retreat.* Philip Zaleski, Rev. ed., Ae maria Press, 2009.)

10. 사막 교부들의 이러한 침묵의 개념은 우리가 매우 주의깊게 주목할 필요가 있는데, 왜냐하면 그들의 침묵에는 마음의 명료함과 하나님을 바라봄, 이 두 가지의 요소가 잘 균형적으로 포함되어 있기 때문이다. ("사막의 교부 이렇게 살았다". 뤼시앵 레노 지음. 허성석 옮김, 분도출판사, 2006.) 오늘날의 일부 다원적인 영성가들이 사막교부들의 침묵을 인용하면서 마음의 명료함에만 초점을 맞추고 하나님 바라보기를 무시하는 것은 대단히 잘못된 시각임을 알아야 한다. 오히려 이 두 요소 중 어느 것이 더 중요하느냐고 굳이 말하자면 당연히 후자이며, 이것이 궁극적인 침묵의 목적이 되어야 할 것이다.

11. "그리스도교 마음챙김". 피터 타일러 지음, 이창엽 옮김, 한국샬렘, 2020.

12. "토마스 머튼이 길어낸 사막의 지혜; 4세기 사막 교부들의 말씀". 토마스 머튼 엮음, 안소근 옮김, 바오로딸, 2020.

13. "사막의 교부 이렇게 살았다". 뤼시앵 레뇨 지음, 허성석 옮김, 분도출판사, 2006.

14. 거둠, 회상 등으로 번역할 수 있는데, 하나님의 이끄심으로 인하여 세상과 그 자극들에서 철수하는 것을 의미하며, 때로는 거둠기도, 또는 피정 등을 의미하기도 한다. (*The Recollected Heart: A Guide to Making a Contemplative Weekend Retreat*. Philip Zaleski, Rev. ed., Ae maria Press, 2009.)

15. *Mystical Passion: The Art of Christian Loving*. William McNamara, 1991, Element Inc.,

16. 리트릿은 어쩌면 구약시대부터 지켜왔던 안식일(sabbath)의 의미를 계승하는 것이며, 그렇다면 미니리트릿은 미니사밧(mini-sabbath)이 될 것이다.

17. 묵상기도에 관해서는 이 책 "책 머리에"에 자세히 설명한 것을 참고 바란다. 요약하자면 이 책에서 묵상(mooksang)이란 명상(meditation)과 관상(contemplation)이 혼용된 경우를 말한다.

18. 토마스 그린. "마음을 열어 하나님께로". 도서출판 로뎀, 2012.

19. 혹은 기독교의 묵상기도를 다른 종교(예를 들어 불교)의 명상과 비교해서 이해하고자 할 때, 크게 두 가지 요소로 구성되

어 있음도 기억하는 것이 중요한데, 앞으로 이 책에서 반복해서 구체적으로 설명해 나갈 것이다. (1)마음의 명료함(clarity of mind), (2)하나님과의 관계성(the relationship with God). 마음의 명료함이란 하나님과의 관계가 올바르게 깊어지기 위하여는 나 자신이 하나님을 제대로 이해하고 그 분의 뜻을 올바로 아는 것이 필요한데, 그렇기 위해서는 나의 마음이 깨끗해야 하며 내맘대로 생각해서는 잘못 될 수 있기 때문이다. "마음이 청결한 자는 복이 있나니 그들이 하나님을 볼 것이요(마 5:8)" 하나님과의 관계성이란 예수 그리스도를 통하여 살아계신 하나님과의 인격적인 관계 속으로 들어가 그 분을 닮아가며 사랑을 완성해 가는 길을 가게 됨을 의미한다.

이상의 두 요소는 항상 같이 가는 것이며, 어느 한 쪽에 치우치면 그릇된 길을 가게 된다. 마음이 명료하지 못 한 채 하나님 말씀을 왜곡하면 신앙의 이름으로 온갖 편견과 사회악이 생겨날 수 있다. 반면에 마음의 명료만을 추구하고 삼위일체 하나님을 인격체로서 교제(사랑)하지 못할 경우 다른 종교로 흐르게 될 수 있다. 세상의 명상이라는 것과 기독교 묵상이 전혀 다른 이유가 바로 여기에 있다. 기독교 묵상은 처음부터 끝까지 다르다. 앞으로 이 점은 반복해서 강조될 것이다.

금주의 묵상수련 : 깨어남에 대한 성찰

매일 새벽시간과 잠자리에 들기 전, 잠시 시간을 내어 조용한 공간을 만들고 바른 자세로 앉아서 다음을 스스로에게 질문하면서 성찰해 보자.

1. 깨어남에 대하여 나는 어떤 생각과 느낌을 가지고 있는가?

2. 나는 깨어났는가? 깨어난 적이 있다고 생각하는가?

3. 기독교적 깨어남은 동양종교적 깨어남에 비하여 어떤 차이가 있는가?

영성일기

2장

침묵과 비움의 영성

하늘이 하나님의 영광을 선포하고 궁창이 그의 손으로 하신 일을 나타내는도다 날은 날에게 말하고 밤은 밤에게 지식을 전하니 언어도 없고 말씀도 없으며 들리는 소리도 없으나 그의 소리가 온 땅에 통하고 그의 말씀이 세상 끝까지 이르도다...나의 반석이시오 나의 구속자이신 여호와여 내 입의 말과 마음의 묵상이 주님 앞에 열납되기를 원하나이다 (시 19:1-4, 14)

침묵으로 여러분을 초대합니다. 하나님께서 은총으로 함께 하시는 시간입니다. 지금 우리는 그 안에서 숨 쉬고 움직이며 살아가는 하나님의 현존에 보다 깨어 있기 위하여 침묵과 고독 속으로 들어갑니다.

말로 다 할 수없이 우리 마음 깊은 곳에서 탄식하시며 우리를 위하여 기도하고 계신 성령님의 조용하고 세미한 소리에 귀 기울일 것입니다.

우리는 다른 세상을 보는 것이 아니라 세상을 다르게 보기 시작할 것입니다.

우리의 작은 자아인 이고와 맞서는 위대한 만남과 싸움의 장소인 이 내면의 사막은 또한 우리가 회개하고 변화를 경험하는 장소가 될 것입니다. 그 사막에서 하나님께서는 우리에게 자유로운 참 자아(깨어난 영혼)로 우리를 인도하실 것입니다.[1]

묵상기도

이 책에서 우리가 추구하는 영성은 바로 사막의 교부들로부터 시작된 묵상적 영성이다. 논리와 개념, 규칙, 교리로 하나님을 이해하고 신앙생활을 하는 영성을 유념적 영성이라고 하며, 이에 반하여 인간의 생각이나 감정을 초월하여 보다 직관적으로 침묵 가운데서 하나님의 말씀을 듣고, 그 분의 임재[2]를 직접적으로 느끼며, 그 분과 동행하며, 그 분과 연합된 삶을 추구하는 것을 무념적 영성이라고 하는데, 무념적인 영성에 보다 궁극적인 가치를 두지만, 동시에 유념적인 영성을 아우르며 살아가는 삶을 묵상적 삶이라고 할 수 있다. 마찬가지로 기도할 때에 말과 논리로 나의 주장을 아뢰고 하나님의 뜻을 분별하려는 기도를 유념적 기도(청원기도, 사역기도, 중보기도, 감사기도 등등을 포함하여)라고 한다면, 나의 논리나 생각과 주장을 내려놓고 말없이 침묵 가운데서 그 분을 바라보고 그 분과 아가서적인 사랑을 나누며, 그 분 품에서 영혼의 쉼을 얻는 것을 일반적으로는 관상기도(contemplative prayer)라고 부르는데, 실제에 있어서는 우리의 기도는 이 둘

사이를 오르내리거나 항상 섞여 있고, 서로를 보완해 주며 우리의 영적 생활을 보다 풍요롭게 만들어 주므로, 저자는 이렇게 유념적 기도로부터 관상적인 깊이로 나아가는 기도를 포괄적으로 '묵상기도'라고 부르고자 하며, 이런 '묵상기도'를 중심으로 하여 삶과 영성생활을 그런 모습으로 살아가는 영적 태도를 묵상적 삶이라고 부른다.[3] 그리스도인은 누구나 묵상적인 삶의 길 어딘가에 있는 존재라고 할 수 있다.

묵상적 삶을 살기 위하여 우리는 이제까지 세상을 살아오는데 사용하였던 자아의 집착이나 이제까지의 욕망으로부터 벗어나, 단조롭고 자유로우며, 편견 없이 열린 마음으로 살아가는 태도가 필요하다. 그리고 여호와 하나님의 자녀임을 알아차리고, 자각(awareness)하는 삶, 당신의 부르심에 깨어난 (awakening) 삶을 지향한다. 그래서 묵상적 삶이란 하나님의 임재에 경이로운 즐거움으로 깨어나는 것이다. 그것은 성령 하나님께 생생한 기도를 드리는 기쁨으로 깨어나는 것이며, 자기와 성령 사이의 내적 대화의 흥분으로 깨어나는 것이다. 이것이 기독교적인 자각(awareness)이다. 깨어난 영혼은 이제까지 독백처럼 떠들던 자신의 주장을 멈추고, 침묵 가운데서 하나님의 음성을 듣고자 귀를 기울이는 자세를 취하게 된다. 즉 묵상기도가 시작되는 것이다.

그것은 침묵을 사랑하는 영혼의 삶이며, 사막을 사랑하는 삶이다. 현실에서는 가난하고 단순하게 사는 삶, 적어도 그것을 지향하는 삶이다. 그것은 세상의 기준과 거꾸로 된 삶이다. 좁은 문으로 들어가는 삶이며, 주님을 따라가는 삶이다.

침묵

묵상적 삶을 살아가는 사람들은 그래서 침묵하는 것을 출발점으로 해서, 침묵 가운데서 하나님의 말씀을 경청하면서, 이 세상의 온갖 유혹과 자극으로부터 그 분의 음성을 분별하며, 그 분과 함께 연합하는 관상적인 기도의 상태를 찾아가는 길나그네들인 것이다. 즉 묵상기도는 네 가지 요소 즉 침묵(silence), 경청(listening), 분별(discernment), 관상

(contemplation)으로 구성되어 있다고 말할 수 있는데, 이 중에서 우리가 가장 먼저 집중해야 하는 것은, 그리고 가장 나중까지 소중하게 여기게 되는 것은 침묵으로, 이를 잘 이해하고 실천함이 묵상기도의 시작이다.

침묵은 세상의 모든 종교전통들이 공통적으로 중시하는 영성수련의 첫걸음으로 시작하는 훈련이다. 그만큼 침묵은 중요하다. 침묵에 관하여 언급하고 있는 성경구절들과 여러 영성가들의 예찬을 들어보자.[4]

언어도 없고 말씀도 없으며 들리는 소리도 없으나 그의 소리가 온 땅에 통하고 그의 말씀이 세상 끝까지 이르도다 (시 19:3-4)

너희는 가만히 있어 내가 하나님됨을 알지어다(시 46:10)

나의 영혼아 잠잠히 하나님만 바라라 무릇 나의 소망이 그로부터 나오는도다(시 62:5)

내 영혼아, 오직 하느님 품속에서 고이 쉬어라, 나의 희망은 오직 그분에게 있나니. (시편 62:5)

침묵한다는 것은 결코 모든 활동을 중지하는 것을 의미하지 않는다. 오히려 그것은 하느님의 뜻 안에서 호흡하면서 그 분의 말씀을 주의 깊게 듣고 거기에 기꺼이 순종하는 것을 뜻한다. 침묵의 시간은 우리가 하나님과 우리 자신에게 응답해야 하는 책임감 넘치는 시간이다. 하지만 그 시간은 우리가 하나님과 더불어 평화를 누리는 시간이자 은총의 시간이기도 하다. "나의 영혼이 잠잠히 바람이여" 이 말씀은 "주여, 말씀하소서. 당신의 종이 듣고 있나이다."라는 뜻이다. (본 훼퍼)

침묵하라 그리고 하나님께 귀를 기울이라. 하나님의 성령이 감화하셔서 하나님을 기쁘시게 하는 좋은 은사들을 주실 때에 그것을 받을 수 있도록 마음을 준비하라. 당신 안에 있는 모든 것을 다해 주님께 귀 기울이라. 하나님의 음성을 들으려면 모든 외적이고 세상적인 사랑과 우리 안에 있는 인간적인 생각들을 침묵시키지 않으면 안된다. (프랑소와 페넬롱)

너희가 진리를 사랑한다면 침묵을 사랑하는 자가 되어라. 침묵은 햇빛처럼 하나님 안에서 너희를 비출 것이고 무지의 환영으로부터 너희를 구해줄 것이다. (토마스 머튼)

우리 여정의 궁극적인 목적은 자신 안에 깊은 고요와 침묵의 장소를 향한 여정이다. 그곳에 다다르는 것은 집에 머무는 것과 같아 그 곳에 이르지 못하면 영원히 쉴 수 없는... 그 침묵의 중심에서 우리의 삶은 하느님의 영과 일치를 이룬다. 그곳에서 우리는 하느님 현존의 불꽃을 체험한다. 우리 영혼은 그곳에서 하느님 사랑에 잠긴다. 거룩한 탄생의 사건이 일어난다. 마침내 그곳에서 우리는 살아 있는 하나님의 말씀을 듣는다. (고든 코스비)

하느님께서 한 말씀하셨다. 그것은 당신의 아들이다. 그 말씀은 영원한 침묵 가운데서 항상 말씀하시고 있다. 그 말씀은 침묵 가운데서 영혼으로만 들을 수 있다. (십자가의 요한)

그러면 우리에게 왜 침묵이 필요한가? 우리는 왜 침묵해야 하는가? 당연히 하나님의 말씀을 듣기 위해서이다. 아니, 하나님의 말씀은 다 성경에 나와 있고, 성령의 인도하심을 따르면 되는 것이지 않는가? 그렇다. 그런데 이런 당연한 것들이 안 되기에 문제가 되는 것이다. 어떻게 안 되는가? 하나님의 말씀이 잘 들린다고 생각하는 사람은 이 책을 읽을 필요가 없다. 말씀이 잘 들리고 이해가 됐다면 그대로 실천해야 하는데, 그런 사람을 찾아보기 어려운 것이 현실 아닌가? 하나님의 말씀을 잘 듣는다고 주장하는 사람들이 적지 않은 것은 사실이지만, 말씀이 보여주는 사랑은 보이지 않는 모순으로 가득 찬 세상이지 않은가?

잠시 엘리야의 경우를 묵상해 보자. 그의 여정을 생각하면서 다음 말씀이 무슨 뜻인지 생각해 보자.

여호와께서 지나가시는데
여호와의 앞에 크고 강한 바람이 산을 가르고 바위를 부수나
바람 가운데 여호와께서 계시지 아니하며
바람 후에 지진이 있으나 지진 가운데도

여호와께서 계시지 아니하며

또 지진 후에 불이 있으나 불 가운데도

여호와께서 계시지 아니하더니

불 후에 세미한 소리가 있는지라 (왕상 19:11-12)[5]

우리는 하나님과 단절된 채로 태어났고, 이 세상에서 훈련을 받아왔기에 하나님의 말씀이 잘 안 들리는 것이 어쩌면 자연스러운 현실일 수도 있다. 우리 자신의 판단과 경험과 자기 방어가 우리의 귀를 가로막고 있기 때문이다. 우리 마음을 꽉 메우고 있는 것은 세상의 논리며, 우리의 편견과 욕망이며, 이런 것들이 우리가 의식할 시간도 없이 자동적으로 작동하기 때문에 주님의 말씀은 우리에게서 멀어져 있다. 무엇보다 먼저 이런 점을 잘 깨달아야 하고 그리고 이에 대한 탈집착의 훈련이 필요하다.

사막의 교부들이 생명을 걸고 에레모스에 들어가 심혈을 기울여 노력한 것에는 침묵 수련이 있었다. 침묵은 세상으로 향한 모든 관심과 이기적인 애착을 조용히 잠재우고 내면을 비

위냄으로써 하나님의 음성에 귀를 기울일 수 있는 공간을 마련할 수 있도록 도와준다. 이 공간은 살아계신 하나님의 존재를 믿는 우리에게, 우리보다 더 우리를 만나기를 열망하시는 하나님께서 언젠가는 스스로를 드러내는 자비를 베푸시리라는 것을 신뢰하며 기다리는 거룩한 장소이다.

그러나 우리가 막상 침묵을 시도하려고 고요히 앉을 때 가장 먼저 맞닥뜨리는 어려움은 이런 고상한 의미의 침묵에 관한 것이 아니다. 그보다도 먼저 온갖 번잡한 생각과 감정들이 잠시도 가만히 우리를 내버려 두지를 않고 방해한다. 온갖 유치하고 조잡한 생각에서부터 풀어야 할 인생의 난제들에 이르기까지 잡념들이 우리의 의지와는 전혀 상관이 없이 마음을 산란하게 만들어 단 10분도, 아니 1-2분도 평온을 유지할 수가 없다는 사실에 맞닥뜨린다. 세간에서 인기를 한창 끌고 있는 명상수련의 방법은 대부분 이를 겨냥한 것이다. 어찌 보면 우리의 마음이 산란한 것은 당연한 결과다. 우리는 오랫동안 잠시도 쉬지 않고 궁리하고 추측하고 느끼고 방어해 내기에 바쁜 세월을 보내왔다. 우리의 뇌는 죽지 않는 이상 쉴 새 없이 움직이게끔 굳어져 버렸으며, 생각이 없다는 것은 무능하거나 모자람을, 심지어는 죽은 것이라고 이해해 왔다. 그 결과 소음은 바깥에서만 들리는 것이 아니라, 우리 마음 속에서 멈출 수 없이 계속해서 우리의 집중력을 흩트리고 마음의 안정과 평화를 깨고 있음을 비로소 바라보게 된다.

결국 침묵이란 단순히 말이 없는 것만을 의미하는 것이 아니라, 두 가지 차원이 있다는 것을 알게 된다. 첫째는 마음을 고요히 가라앉히는 것과, 둘째는 잠시나마 이 세상으로부터 물러나 세상의 것들을 내려놓는 것, 즉 마음을 명료하게 비우는 것이 그것이다. 우리 삶이 워낙 바쁘고, 분주해서 우리는 고요히 마음을 가라앉힐 필요가 있다. 그런데 너무 오랫동안 바쁘게 정신없이 살아오다 보니 마음을 고요히 가라앉히는 것이 보통 어려운 것이 아니다. 게다가, 말이 없는 것을 넘어, 세상에서 집착하던 자아의 생각과 주장과 느낌, 판단, 욕망, 편견, 이런 것들을 내려놓는 것으로서의 침묵은 더더욱 어렵다. 즉 보다 깊은 의미의 침묵이란 나를 비우는 것, 자아를 내려놓는 것을 의미한다.[6] 이것은 겸손하다거나 수용적이 된다는 것을 의미하기도 하지만, 그 이상으로 우리가 성숙과 구원을 완성해 나가는데 꼭 필요한 자기 비움, 자아포기와도 연관이 되는 것이다. 이 기독교 전통의 뿌리깊은 자기 비움의 영성을 신학자들은 '비움의 영성', 또는 '케노시스의 영성'이라고 불렀다. 그것은 "누구든지 나를 따라오려거든 자기를 부인하고 자기 십자가를 지고 나를 따를 것이니라"(마 16:24)라고 하신 말씀을 따르는 영성이며, 예수 스스로 "근본 하나님의 본체시나 하나님과 동등함을 취할 것으로 여기지 아니하시고 오히려 자기를 비워 종의 형체를 가지사"(빌 2:6-7) 사람이 되심을 따르는 영성이다. 결국 침묵은 우리가 사막으로 들어가는 것, 우리 내면에 에레모스를 찾아가는 것을 뜻한다. 그리고 그것은 당연히 하나님을 만나기 위한 비움의 공간을 찾아감을 의미한다. 한 마디로 침묵이란 우리가 하나님을 만나는 에레모스인 것이다.

침묵 가운데 무엇이 느껴지는가? 많은 사람들은 침묵이 흐를 때 불안감, 초조감, 두려움, 분노, 공허감 등을 느끼며 이 감정으로부터 벗어나고자 침묵을 깨뜨리며 말을 하거나 아예 그 침묵의 장소를 떠나버린다. 때로는 외적으로는 침묵의 모양을 취하기는 하지만, 머리 속에서는 끊임없는 무언의 말과 행동으로 분주하게 움직이거나 강박적인 사고에 빠지기도 한다. 이것은 진정한 침묵이 아니다. 이 모든 것들은 침묵의 시간에서만 들을 수 있는 나의 내면에서 들려오는 진실된 이야기를 듣지 않으려는 저항이며, 예측할 수 없는 하나님과의 대면을 두려워하여 자기도 모르게 회피하는 것이다.

우리는 절망적인 홀로 있음에 무감각해지려고 소음 속으로 도피하며 분주하게 살아왔다. 그렇게 외부의 자극이나 환경에 반응하며 사는 것에 너무 익숙해져 있기 때문에 침묵 가운데 그 자극이 없어지고 나면 자신의 절대 고독을 다시 직면하게 되므로 매우 불안하게 된다. 실존적인 자신의 절망, 불확실함, 자신 없음을 다시 느낄 수밖에 없기 때문이다. 기도하려고 조용히 앉아 홀로 침묵할 때 하나님의 실존에 대한 믿음이 부족하거나, 믿더라도 느껴지지 않을 때 우리는 영원히 홀로 있게 될 것에 대한 불안에 휩싸이게 된다. 그리고 곧 내면 깊은 곳에서부터 올라오는 격변된 감정들의 외침을 들을 수

밖에 없게 된다. 안타깝게도 기도의 시작은 이렇게 들리기를 원하는 내면의 소리들과 함께 시작되며 이로 인해 우리의 내면은 시끄러워질 수밖에 없다.

헨리 나우웬은 우리가 고독 가운데 언젠가는 하나님을 만나게 되는데 이 때 우리 안에는 큰 투쟁이 일어날 수밖에 없다고 했다.[7] 왜냐하면 가장 진실되며 강력한 사랑을 주고자 하시는 하나님을 만날 때 우리의 죄성 깊은 옛사람인 거짓 자아는 본능적으로 그 사랑을 감당할 자격이 없다고 느끼고 어떻게든 피하려 하기 때문이다. 거룩하고 순결한 하나님을 만나는 순간 우리는 죽을 수밖에 없는 존재임을 본능적으로 느끼고 아담과 같이 숨으려고만 하는 것이다. 결국 우리는 하나님을 애타게 갈망하며 만나고 싶다고 말은 하지만, 막상 그 순간이 되면 역설적이게도 결코 하나님을 만나고 싶어 하지 않는 사람처럼 필사적으로 멀리 달아나 버린다. 거짓 자아에 강하게 사로잡혀 있는 사람일수록 홀로 있기가 더 어려울 것이다.

이렇게 침묵에 대해서는 다양한 이유들, 때로는 개인적인 정신병리와 연관되어서, 때로는 영적인 체험과 관련하여 어려움을 겪는 사람들이 많은 것이 사실이며,[8] 심지어는 사막의 수도자들도 때때로 암자에서 뛰쳐나와 도움을 청하고 싶은 때가 있었다고 한다. 그래서 이들 사이에는 이 거룩한 정화의 과정을 '밖으로는 얻어터지고 안에 대해서는 진절머리 나는' 것이라고 표현하는 상투적 문구가 있다고 한다.[9]

그러나 우리 안에 고요히 좌정하고 계신 하나님, 침묵 저 너머에 계신 하나님, 우리를 부르시고 우리를 만나고 싶어 하시며 우리가 발견하기를 원하시는 그 하나님을 만날 수 있는 그 신비한 곳으로 가기 위해서는 이 소음들을 잠재우고 침묵을 통과해야만 한다. 그래서 하나님을 만나고자 하는 갈망으로 가득 찬 사람이라면 용기를 내어 침묵이라는 자신의 사막으로 들어가게 될 것이다.

결국 침묵 중에는 나의 거짓 자아가 드러나게 되며, 이를 직면할 수밖에 없게 된다. 그리고 그 때 우리는 우리 자신에게 무슨 일이 있는가를 직면하여 바라볼 수 있게 되고, 이제껏 알지 못했던 자신을 발견하며, 우리를 만나고 싶어 하시는 하나님을 만나게 될 것이다. 나를 하나님의 사랑에 온전히 맡긴다는 것은 거짓 자아에게는 죽음을 맞닥뜨리게 하는 것과 같을 것이지만, 그 과정을 겪고 나서야 우리는 생명력 넘치는 창조적인 하나님의 나라를 맛보며 누리게 될 것이다

이제 우리는 침묵에 대한 균형 잡힌 시각이 필요함을 주목할 필요가 있다. 침묵은 다소 지나치게 미화되기 쉬우며, 신비로운 말로 포장되기 쉽다. 그러나 침묵은 영적 성숙을 위하여 반드시 필요한 수련이기는 하지만, 그 자체가 신성한 것은 아니라는 점은 꼭 기억해 둘 필요가 있다. 침묵을 완벽히 이룬다는 것-즉 마음을 아무 작용도 없는 초탈 상태, 완벽한 평온의 상태로 만든다는 것-은 누구에게나 불가능한 일이며, 더구나 그리스도인들에게는 전혀 그럴 필요도 없는 일이다. 침묵은 단지 어느 정도만 이루면 된다. 왜냐하면 우리가 침묵이 필요한 것은 하나님의 말씀을 더 잘 듣기 위한 준비의 과정으로써 필요한 것이기 때문이다. 이 점은 대단히 중요한데, 다

른 종교(예를 들면 불교)에서는 그 목적이 다르기 때문이다. 기독교의 침묵과 불교의 침묵은 공통점이 있으면서도(마음의 명료함을 얻는 것) 나중이 철저히 다르다. 기독교에서는 침묵 그 자체가 목적이 아니라 말씀을 듣기(경청) 위한 준비과정에 불과하지만, 불교에서는 침묵 자체가 목적이 된다. 반복해서 강조하지만, 기독교의 침묵은 그 자체가 구원도, 거룩함도 아니며, 단지 준비과정이므로, 감사하게도 완벽하게 이루지 않아도(그럴 수도 없지만) 어느 정도 적당히 하면 그것으로 된다. 그러나 한편 결코 소홀히 할 수는 없는 것이다. 침묵훈련은 마음을 비워 가는 노력이며, 자아를 내려놓는 과정이며, 하나님을 볼 수 있는 마음의 청결함을 얻는 것이기에 (마 5:8), 결코 소홀히 할 수 없는 과정이며, 매우 시간이 오래 걸리고, 평생에 걸쳐서 천천히, 조금씩, 하는 것이다. 그러므로 침묵이 당장 쉽게 이루어지지 않는다고 자책하거나 좌절할 필요가 없다.

그리스도인에게는 침묵은 모두 사랑 안에서 하나님과의 인격적인 만남을 갖기 위해 우리가 노력하는 최선의 준비에 불과하다. 침묵 기도를 처음 시작한다면 마음의 고요를 찾는 일이 가장 중요한 일이지만 동시에 이것은 다만 기도의 예비 단계에 불과함을 인정해야 한다. 고요에 이르고자 하는 노력 자체는 기도가 아니며 그 고요한 깊은 내면 한 가운데 좌정하고 계신 하나님을 바라보는 그 순간, 하나님께서 세미한 음성을 들려주시는 때가 올 것을 인내로 기다리는 침묵의 시간은 참다운 기도의 시작일 것이다.

폴 투르니에 역시 그의 저서 "경청하는 귀(A Listening Ear)"에서 다음과 같은 고백을 했다. "침묵은 음성을 기다리는 것이라고 말할 수 있다. 그러나 나는 오랫동안 하나님의 음성을 들으려 했으나 헛수고였다. 아무것도 들리지 않았다. 하나님의 음성은 침묵 저편으로 들어가야 들을 수 있다. 침묵은 그 자체에 목적이 있는 것이 아니라 들을 수 있는 환경을 만들어내는 방편일 뿐이다. 우리의 마음이 하나님으로부터 오는 생각을 받을 수 있는 도구가 될 수 있는 가능성을 만드는 것이다."[10]

결국 침묵은 마음의 명료함을 얻기 위하여 마음을 비우는 것이라고 말할 수 있는데, 따라서 **기독교의 영성훈련은 마음을 비우기로 시작해서 하나님을 바라보는 것**, 이 두 부분으로 이루어져 있음을 분명히 기억하자. 침묵훈련, 즉 마음 비우기를 어느 정도라도 잘 해야 영적 성숙이 있고, 하나님의 말씀이 더 분명히 들리며, 참 제자가 되는 길에서 탈락되지 않는다. 아무리 하나님이 이끌어 주시려고 해도, 듣지 않으려고 하거나 잘못 들으면 도리가 없다. 그러나 침묵 그 자체는 아무리 인간적으로 노력해도 완벽하여지지 않으며, 또 그 부족한 것은 부족한 대로 성령께서는 어여삐 받아 주시니 감사한 일이다. 하나님의 음성을 듣고자 최선을 다 하며 노력하는 우리의 중심을 보시고 기꺼이 받아주신다는 말이다. 따라서 우리의 의지적 노력(willingness), 겸손히, 기꺼이 하고자 함, 이것이 중요하다고 하겠다.[11]

침묵훈련의 실제

하나, 고요함에 머물기

사람은 원래부터 침묵하기 어렵게 되어 있다. 우리의 뇌는 죽어야 정지를 하며, 그 전까지는 수 많은 뉴런들은 무엇인가를 분주히 만들어 내고 있기 때문이다. 태어나면서부터 대부분의 깨어있는 동안 (심지어는 잠이 들어 있을 때에도) 우리는 본능에 따라 음식을 찾고, 위험이 있는지 경계하고, 누군가를 찾고 판단한다. 그러므로 뇌의 작동을 멈추고 가만히 있기가 어렵다. 그런 이유로 침묵훈련은 아마도 우리에게 가장 단순한 연습이자 동시에 역설적으로 가장 어려운 연습일 수 있다. 다만 조금 고요하게 만드는 것이 고작일 뿐이다. 그러나 이 조그마한 동작, 외적 침묵 만들기, 고요함에 머물기는 잠시나마 세상 속으로부터 돌아서서 사막으로 들어가는 것을 상징하는 몸짓이 된다는 사실을 상기할 필요가 있다.

의외로 많은 사람들이 빈방에 홀로 앉아 침묵을 처음 시도할 때부터 힘들어하고 어려워한다. 침묵을 실제로 하기 전에는 당연히 하면 될 것이라고 생각을 하지만 막상 침묵을 실행하려고 하면 생각보다는 매우 어렵다는 것을 알고 당황해 한다. 아마도 온갖 핑계거리를 만들어 짧은 시간 내에 그 자리에서 일어나거나 혹은 다음으로 미루는 자신을 발견하는 것은 흔한 일일 것이다. 그래서 토마스 머튼은 말하기를 분주함은 하나님께서 주시는 풍요로움을 파괴하는 우리 자신을 향한 폭력이라고까지 했다. 아울러 하나님을 만나기 위해 시작하는 침묵은 세상적인 것들을 하나씩 포기해 나가는 것을 배우는 과정이다. 그래서 함께 모여 훈련을 한다면 좀 더 쉽게 침묵을 경험할 수 있을 것이다.

침묵 훈련의 첫 단계는 말을 하지 않고 고요히 머물러 외적 고요의 환경을 마련하는 것이다. 이를 위해 우선 방해받지 않고 홀로 있을 수 있는 시간과 장소를 마련하는 것이 가장 먼저 준비되어야 한다. 새벽 이른 시간 혹은 하루를 마치고 난 후의 시간도 좋으나 몸이 피곤하지 않은 상태가 더 도움이 될 것이다. 처음에는 짧은 시간, 3분 정도에서 시작하여 5분, 10분으로 시간을 늘려가며 침묵하도록 한다. 아무 것도 하지 않

고 가만히 앉아있는 것이 조금 익숙해지면 여러 가지 물리적
인 자극들이 느껴질 것이다. 나의 외부에서 들려오는 자극-자
동차 소음, 의자소리, 선풍기 소리, 옆 사람 숨소리 등등-과 나
자신의 내부에서 오는 물리적 자극-나 자신의 숨소리, 내장
운동소리 등등-을 그대로 느껴본다. 일단 10분 정도 아주 불
편하지만은 않은 채 말없이 앉아있을 수만 있다면, 그런대로
성공한 셈이다. 시간이 아깝다는 생각 없이[12] 매일 20분-30분
을 느긋하게 앉아 있기를 습관화하는 것이 중요하다.

둘, 마음 바라보기

이 자극들로부터 편안해지면 곧 많은 생각들과 많은 느낌들
이 나를 지배하고 있음을 깨닫게 될 것이다. 앞으로의 계획,
혹은 어떤 사건들이나 누군가의 이야기, 누군가에게 말하는
나의 이야기 등등, 온갖 생각들이 분출함을 깨닫게 될 것이
다. 한동안 이런 저런 잡념에 빠져 있는 나를 의식했다면 오
그 생각에 빠졌었구나 하고 담담히 **알아차린다.** 때로는 여러
가지 느낌들이 나를 지배할 것이다. 초조감, 지루함, 불안감,
평안함, 짜증, 즐거움, 흥분 등의 감정들을 느끼는 나를 역시

알아차린다. 내가 빠져 있었던 잡념이나 사건, 감정들을 담담히 바라본다. 한 동안 빠져 있다가, 잠시 후 다시 의식을 차리고 내가 지금 뭐 하고 있지? 생각을 하는 나를 발견하기도 하며, 이렇게 들락날락 하기를 한동안 반복할 것이다. 부드럽게, 절대로 안타까워 하거나 자책하지 말고 그냥 부드럽게 알아차리고, 바라보고, 흘려 보낸다. 때로는 그 생각이 거룩하거나 매우 창의적이어서 놓치기 아깝다 하더라도, 그냥 알아차리고, 바라보고, 흘려보낸다. 이런 생각이나 느낌들, 혹은 사건들 속으로 빠져 들어가 있지 않고 그런 것들을 그냥 바라본다는 것은 아주 중요하고도 쉽지 않은 일로서 상당 기간 훈련을 필요로 한다. 그냥 알아차리고, 바라보고, 흘려보내기만 하라.[13] 그러면 우리의 마음은 어느 정도 홀가분해지고, 마음 항아리는 어느 정도 비워졌다는 것을 깨닫게 된다.

상당 기간 여기까지를 반복해서 훈련하고, 다음 단계인 셋으로 넘어가지 않는다. 상당 기간이 어느 정도인지는 스스로 판단해도 된다. 만약 서둘러 넘어갔다면 결국 다시 돌아올 테니까 정확하게 언제까지 인지를 따지려고 할 필요가 없다. 어느 정도 마음이 고요해졌다고 생각한다면, 그 때 비로소 다음 단계로 넘어간다. (다음 단계는 셋, 부드럽게 하나님을 바라보기이며, 4장에서 배우게 될 것이다.) 이제까지 공부한 '둘'의 단계는 말하자면 마음을 비우는, 내려놓는 작업과, 마음을 명료하게 하는 작업의 일부를 한 셈이다.

미주

1. 2010년 한국샬렘 묵상퇴수회에서의 초대 글에서 인용함.

2. presence란 단어를 번역할 때 두 가지를 사용하는데, 하나는 '임재(臨在)', 다른 하나는 '현존(現存)'이란 단어이다. '임재'는 그 한자어의 특성상 누군가의 앞에 존재한다는 의미를 띠며, '현존'이란 현재 시간적으로 존재한다는 의미이다. '현존'이란 번역어도 과거나 미래가 아닌 지금 이 순간 시간적으로 존재함을 의미하므로 나름 좋은 번역어이지만, 미래나 과거가 무의미하다는 동양종교적인 의미를 띨 수도 있음을 고려한다면, 누군가의 앞에 존재한다는 뜻의 '임재'라는 단어가 상대적으로 보다 기독교의 관계적인 가치를 표현할 수 있으므로 저자는 이 단어를 더 선호한다는 점을 밝혀두고 싶다.

3. 학술적으로는 유념적 기도는 'meditatio'라고 하는 라틴어인데, 과거 우리나라 번역가들이 사람에 따라 '묵상' 또는 '명상'이라는 단어들로 번역, 혼용하였으며, 이에 비하여 무념적인 기도는 'contemplatio'인데 이에 대하여는 일관되게 '관상'이라는 용어로 번역하여 왔다. 그러나 이렇게 기도를 둘로 나누는 것은 단지 학술적으로만 가능하며, 실제 우리의 영적 생활이나 기도에서는 항상 유념적인 기도와 무념적인 기도가 뒤섞여 있거나, 순간마다 왔다갔다 한다는 점을 이해해야 하며,

이 점은 과거부터 여러 영성가들에 의하여 강조되어 왔다. 최근 일부에서 관상기도를 지나치게 강조하다 보니 마치 유념적인 기도가 관상기도에 비하여 낮은 수준의 기도라는 인식을 심어주고, 지성주의와 반지성주의는 서로 상반되어서 이것 아니면 저것이라는 식으로 나뉘어진 것으로 주장하고 있으나, 이는 분명 잘못된 것이며, 극단적인 관상기도나 극단적인 유념기도란 사실 건강한 상태에서는 존재하지 않으며, 관상기도는 지성으로부터 출발하고 이를 아우르며, 지성 또한 이를 초월하여 관상으로 나아감을 지향해야 한다고 본다. 많은 영성가들이 마치 순수한 관상의 상태가 자력과 훈련으로 가능한 것처럼 말하는 것은 기독교적 관점에서는 매우 잘못 된 것이며, 현실에서는 순간적으로, 우리의 인위적인 노력과는 아무 상관없이 전적으로 주님의 은혜에 따라 주어지는 주부적인 관상만이 가능하며, 인간은 죽음을 맞고 부활하고 나서야 그런 영광의 상태가 이루어질 수 있다고 하는 것이 개혁신앙이다. 이런 인식을 바탕으로 저자는 삶과 기도의 두 가지 형태, 유념적인 것와 무념적인 것을 아우르는 삶과 기도를 뜻하는 단어로써 '묵상'이라는 용어를 사용할 것을 제안하는데, '묵상'이라는 용어는 이미 개신교에서는 침묵과 성찰을 주로하는 통합적인 의미로서 익숙하게 사용되어 오고 있기도 하다. 다만 학술적으로 유념적 또는 무념적(관상적)

임을 구분할 필요가 있을 때만 그렇게 나누고자 한다. 따라서 개신교에서 이미 오랫동안 익숙하게 사용해 오는 '묵상'이란 단어는 'meditatio'만을 의미하는 것도, 'contemplatio'만을 의미하지도 않는다. 그렇게 본다면 사실 우리 말 '묵상'에 해당하는 라틴어는 없는 셈이다. 굳이 만들자면 'meditatio-contemplatio'라고 해야 할까? 이렇게 볼 때 우리는 오히려 '묵상'이라는 용어의 의미를 잘 지켜낼 필요가 있다고까지 말할 수 있지 않을까?

4. SoH "침묵 강의안"(김경숙, 2015)에서 재인용함.

5. 갈멜산에서 하나님의 불이 임하는 엄청난 사역을 불러 일으킨 위대한 기도의 사람 엘리야가 다음 순간 죽음의 공포에 쫓겨 사십 주야를 도망 간 끝에 겨우 천사들의 도움을 받아 초라한 모습으로 호렙산 동굴에 몸을 숨겼을 때, 그의 심정이 어떠했겠는가? 이 과정이 보여주는 하나님의 뜻은 어디에 있는가? 참 하나님의 음성은 어디서 들리는가?

6. 옛날 영성가들은 자기비움, 자기포기를 또한 '거둠(recogmiento, recollection)'이라고도 했는데, 즉 세상에 속한, 자아에 속한 느낌이나 생각, 행위 등을 거두어들이는 것을 의미하며, 이로부터 '거둠기도', '묵상'. '피정' 등의 용어나 개념으로 확대된다.

7. "분별력". 헨리 나우웬 지음, 이은진 옮김, 포이에마, 2013

8. 침묵에 특별하게 어려움을 겪는 사람들도 있는데, 다음 두 경우, 정신분석적인 이유 및 영적인 이유로 설명할 수도 있다. SoH "침묵 강의안"(김경숙, 2015)에서 재인용함.

정신분석적 설명으로는, 정신분석학자인 도날드 위니컷은 그의 책에서 사람은 어린 시절 어머니와의 애착이 건강하게 이루어지지 않았을 경우 마음 속에 멸절불안이란 것이 자리잡게 된다고 하였다. 즉 내부로부터 자신이 없어지지 않나 하는 불안인데, 이는 침묵을 할 경우 더욱 증폭이 되어 올라오게 되어 있다고 하였다. 어떤 한 수련자도 초기에 침묵을 견디어내지 못했는데 침묵을 시작하는 순간부터 불안감으로 견딜 수 없었기 때문이었다. 그의 불안을 함께 살펴본 결과 그가 일상 중에 가끔 느끼던, 자기 안이 텅 빈, 그래서 눈을 감고 침묵하게 되면 자기가 없어져 버릴 것 같은 멸절불안이 있었음을 알게 되었다. 그래서 홀로 침묵할 때마다 끊임없이 움직이거나 수시로 눈을 떠서 자기의 존재를 확인해야만 했다. 그러나 그는 하나님을 향한 믿음과 소망을 품은 인내로 자기를 성찰하며 침묵을 훈련했다. 먼저 나와 함께 있음에 의지하여 그는 침묵 속으로 들어갔다. 나는 그로부터 전해져 오는 그의 불안을 함께 견디며 침묵해야만 했다. 우리는 우리와 함께 계신 하나님을 신뢰하며 하나님께서 그런 그를 바라보고 그의 이야기를 들으심을 믿으며 침묵 가운데 함께 했다. 그는 조금씩 잠잠히 고요함 가운데 머물며 보이지 않는 하나님을 믿음으로 바라볼 수 있게 되어갔고 그분의 부르심을 기다릴 줄도 알게 되어갔다. 그와 동시에 눈으로 볼 수 있는 메시야로 오신 예수 그리스도에 대한 새로운 인식에 눈뜨기 시작하며 복음서를 읽기 시작했다. 때가 되면 하나님께서 스스로를 드러내실 것이고 그 때 그는 자신의 존재가 어떠한 존재인지, 자신의 영적 정체성을 개념으로만이 아닌 온 몸으로, 온 존재로 알게 될 것이다.

멸절불안이 아니더라도 침묵은 우리의 내면을 직시하게 만듦으로 평소에는 분명하게 느끼지 못하고 지내던 여러 가지 감정들이 분명하게 의식에 떠오르게 된다. 분노, 좌절, 열등감, 어린 시절의 상처, 일할 때 느끼던 경쟁심리 등등이 새삼스럽게 의식으로 떠올라 조용히 침묵을 유지하지 못하게 만들며, 나를 감정의 소용돌이 속으로 몰아넣을 경우가 있다.

다른 한 수련자는 침묵을 할 때마다 떠오르는 잔인하고 공포스러운 이미지로 도저히 눈을 감고 침묵할 수가 없었다. 그의 마음 깊이 내재된 분노의 감정이 해소되지 않아 나타나는 이미

지였고 그러한 분노를 지닌 자신을 하나님께서 받아주지 않을 것이라고 믿고 있었기 때문에 침묵한다는 것은 그에겐 너무도 혹독한 고문과 같은 것이었다. 그러나 그는 믿을 수 없을 정도의 인내심으로 침묵을 시작했다. 나도 침묵 가운데 느껴지는 그의 깊은 절망감을 함께 견디어 내야만 했다. 그는 침묵 대부분의 시간을 그 이미지를 버리기 위한 강박적인 사고의 활동으로 채워 함께 침묵하는 나로 하여금 심한 압박감에 빠지게도 했다. 그러나 시간이 흐르면서 차츰 강박적인 사고보다는 느낌을 경험하거나 가벼운 잡념으로 침묵의 시간들이 채워졌고 그는 어느 정도 홀로 그 침묵을 견디어낼 수 있게 되어갔다. 그렇게 될 수 있었던 것은 그의 죽음을 맛보는 듯한 처절한 절망감만큼이나 하나님을 향한 갈망도 깊었기 때문이었다. 그는 어느 때인가는 그 타는 듯한 목마름이 다시는 목마르지 않을 생명수로 적셔지리라 믿으며 지금도 기다리고 있다. 나도 그런 그와 함께 죽음을 넘어 우리에게 오신 주님께서 그 놀라운 사랑으로 그를 일으키시리라 믿고 기다리고 있다.

9. "사막의 교부 이렇게 살았다". 뤼시앵 레뇨 지음, 허성석 옮김, 분도출판사, 2006

10. "귀를 홅으시는 하나님". 폴 투르니에(임성기 지음, 불꽃, 1998.)에서 재인용.

11. 아빌라의 데레사는 그의 자서전 "완덕의 길"에서 관상기도를 잘 하기 위하여는 세 가지 덕목이 필요하다고 하였는데, 즉, 탈집착(detachment), 겸손(humility), 그리고 이웃사랑(love)이다. 여기서 탈집착이란 바로 침묵에 해당하는 것이라고 말할 수 있으며, 그러나 이것은 완전할 수가 없으므로, 다만 그리스도인들은 겸손하게 그 길을 꾸준히 가는 것이 중요하다는 뜻이며, 그 모습은 이웃 사랑으로 표현된다는 의미일 것이다.

12. 실제로 어느 영성가는 이 시간을 '하나님과 함께하는 거룩한 시간낭비'라고 불렀다. 자신이 침묵에 느긋한지 아닌지는 타이머를 사용하면 잘 알 수 있다.

13. 의식심리학은 우리의 마음은 알아차리는 기능을 하는 의식(상태)과 그 내용물로 구성되어 있으며, 이 둘을 구별하는 것이 중요하다고 말한다. 우리가 어느 순간에 무엇인가에 주의를 집중하여 알아차리는 것이 의식이라면 주의집중을 하게 되는 대상은 그 내용물인 생각이나 사건 같은 것이라고 할 수 있다. 그런데 문제는 우리의 의식은 일반적으로 한 순간에 한 가지만을 주의집중하여 알아차릴 수 있다는 것이다. 이것은 마치 한 밤중에 플래시를 들고 여기저기를 비추는 것과 같다고 이야기한다. 이 때에 플래시는 우리의 의식이며, 비추어지는 대상은 내용물이 된다. 이렇게 의식과 그 내용물을 잘 구분할 수 있게

되는 것이 중요하다. 운전을 할 때 다른 생각을 하거나 대화를 하는 경우, 또는 충격을 받아 정신이 나갔다가, 다시 정신을 차린다고 할 때 그 정신이 바로 의식인 셈이다. "아, 내가 그 생각을 하고 있었구나" 할 때처럼 자기의 의식을 깨닫는 것, 즉 의식함을 의식하는 것을 자의식, 관찰자아, 성찰의식, 또는 메타인지라고도 할 수 있다. 침묵훈련에서 우리의 의식이 어디에 빠져 있거나, 아니면 되돌아와 의식하는 나를 의식하게 되는, 의식의 전환을 이해하는 것이 중요하다. 그래야 불필요한 것을 버리고, 탈집착하고, 즉 마음의 명료함을 얻고, 내가 목표로 하는 대상에 집중할 수 있기 때문이다.

금주의 묵상수련 : 침묵훈련 1. 마음 바라보기

1. 조용한 장소를 찾아서 편안한 자세를 취한다. 처음에는 어디서, 얼마 동안, 어떤 자세를 취하는 것이 적당한가는 사람에 따라 다르다. 어떤 경우가 가장 도움이 되는지는 각자 찾아 본다. 실내? 실외? 앉아서 또는 걸으면서? 숲을 걸을 수도, 누워서 하늘을 바라볼 수도. 그러나 후에 일정한 기간이 지나면 제대로 앉아서 하는 것을 훈련할 필요가 있다.

2. 타이머를 15분(각자의 상황에 맞추어)에 맞춘다.

3. 자세를 바르게 하고, 호흡을 가다듬는다. 마음을 바라보고, 흘러보내며 침묵한다. 15분.
   일정 시간을 하나님께 바친다는 생각으로 하는 것이 좋다. 끝나고 난 다음 잘 못했다고 자책하거나 후회하지 않는다. 이것을 거룩한 시간낭비(holy waisting time)라고도 부른다.

4. (종이 울리면) 방금 했던 침묵의 모습이 어떠했는지 성찰을
   한다.
   성찰 포인트: 무엇이 감각되는가? 그 감각 때문에 방해가 되
   었는가? 알아차리고, 바라보고, 흘려보내기가 잘 되었는가?
   어떤 생각이나 감정에 사로잡혀 한 동안을 헤매었다면 그것
   이 무엇인가?

생각의 산만함은 아마도 상당기간 여러분의 마음을 불편하
게 할 것이다. 잡념, 이것은 없앨 수도 없고 없어지지도 않는
다. 이를 위하여 다른 종교에서는 평생을 다 바쳐 해결하려
고 애를 쓰지만 거의 불가능에 가깝다. 중요한 점은 일정한
시간에 그 어떤 의도나 목적이 없이 편안히 그냥 가만히 앉
아 있는 습관을 들이는 것이다. 무엇보다도 가만히 앉아 있
는 것이 불편하다면 그 이유를 생각해 본다. 이것이 잘 안되

면 처음에는 고요한 음악, 걷기 등에 도움을 받을 수도 있다.

5. (함께 할 경우)느낌을 나눈다.

영성일기

3장

묵상의 심리학 : 마음 비우기

마음이 청결한 자는 복이 있나니 그들이 하나님을 볼 것임
이요 (마 5:8)

주님, 당신이 창조하신 우리의 마음이 혼탁하여지고 세상의 이론들이 범람하여 우리를 더욱 혼란스럽게 만들고 있습니다. 참 지혜로서 저희 마음을 밝혀주시고, 성령께서 친히 저희 마음을 청결케 하셔서 당신을 제대로 바라볼 수 있게 하시며, 당신을 향하여 바른길로 나아가게 하소서. 예수만이 우리의 좌표가 됨을 믿사옵니다.

앞 장에서 기도를 시작하는 데에 매우 중요한 출발점이 되는 침묵훈련을 위하여 마음 속에 떠오르는 잡념을 어떻게 해야 하는가에 대한 기본적인 훈련으로 그것을 알아차리고, 바라보고, 흘려보내는 방법이 있음을 제시하였다. 기도할 때에 하나님만을 의식하고 그분과의 교제에 집중하려는 갈망이 아무리 간절해도, 내 맘대로 할 수 없는 우리의 의식을 깨달을 때 우리는 흔히 좌절하지 않을 수 없다. 그것은 이제까지 살아가기 위하여 끊임없이 생각하고 매 순간 위험에 대비해 온 하나의 의식적인 생존패턴 때문에 더하여, 우리가 삶의 목표로 삼아왔던 여러 가지 세상적인 가치들, 욕망들, 심지어는 자아의 측면에서 옳다고 바라보고 추구하여 오던 세계관들을 모두 포함하여, 이 모두를 잠시나마 하나님 앞에서 내려놓고 마음을 청결하게 하는 작업을 포함하는 것이다. 하나님 나라를 소망한다면, 하나님을 보려고 한다면, 무엇보다도 먼저 마음의 가난함, 마음의 청결함을 이루어야 한다는 말씀이 바로 이를 두고 하는 말이다. 마음이 가난하지 않으면, 마음을 비우지 않으면서 하는 기도란 하나님께 도달하는 것이 아니라 혼자서 떠드는 독백에 지나지 않을 것이다. 이 점이 바로 사막의 교부들과, 옛 영성가들이 치열하게 목숨을 걸고, 하나님을 만나기 위하여 먼저 자기 속, 곧 자신의 마음 속으로 들어가 그 안에 있는 것들을 드러내려고 노력한 이유인 것이다. 우리 범인들은 그들과 같이 하루에 모든 시간을 바칠 수는 없지만, 물질의 십일조를 바치듯이, 시간의 십일조를 바쳐서 하루의 일정 시간, 일 년의 일정 기간을 그런 마음가짐으로 훈련을 한다면, 부족하나마 그것도 기쁘게 받아주시는 하나님을 바라볼 수 있다고 믿는다. 그것이 우리가 묵상기도를 하는 이유가 되는데, 넉넉하신 하나님은 부족하나마 당신을 바라보는 마음에 세상을 버틸 화평과 기쁨과 힘을 주시기 때문이다. 그러나 마음을 비우는 문제는 하루아침에 되는 것이 아니라 익숙해지려면 상당한 기간이 필요하므로, 앞으로 나아가는 것을 여기서 잠시 멈추고 좀 지루하더라도 반복해서 직접 실천해 보는 경험이 필요하다. 사실 어떻게 효과적으로 잡념을 해결하고, 마음의 명료함을 얻어 그 다음 단계인 본격적인 묵상 기도로 들어갈 수 있는가 하는 문제는 모든 영성 전통들의 고민으로써 각 영성전통은 이를 극복하기 위하여 제각기 다양한 기도의 형태들을 제시하고 있는데, 예를 들면 렉시오 디비나, 예수기도, 아이콘 기도 등등이 있다. 그러나 이러한 기도의 특정한 형태를 훈련하기에 앞서, 마음의 안정이나 비움의 문제를 신비나 초월적인 이해로만 접근하는 것에 머물지 않고, 현대 과학의 열매들, 특히 의식심리학과 뇌과학의 발전에서 얻어지는 결과의 도움을 받아 보다 체계적으로 이해할 수 있다면, 이러한 기도를 하는 데 많은 도움을 받을 수 있다. 이번 3장에서는 모든 묵상기도의 기본이 되는, 침묵을 이루기 위한 의식심리학적 개념들을 구체적으로 알아보고,[1] 아울러 마음의 명료함, 즉 마음 비우기를 이루기 위하여 기독교 전통에서 오래 전부터 있어 왔던 몇 가지 단순한 기도 방법들에 대하여 소개하려고 한다.

우리가 기도할 때 하나님께 마음을 연다, 하나님께서 우리의 마음을 살피신다, 등등의 표현에서 마음이란 무엇인가? 가장 흔하게 쓰이는 말이면서도 가장 쓰임새가 애매한 말이기도 하다. 마음이란 신비한 어떤 면이 있으므로, 영성의 영역에서 이와 관련된 용어들이 난무하면서 혼란스럽게 하는 것도 사실인데, 예를 들면 무념적, 유념적, 가장 깊은 심연, 지향, 등등의 알쏭달쏭한 용어들이 이해를 어렵게 만든다. 하지만, 우리가 추구하는 치유와 성숙이 우선 일차적으로는 마음에서 일어나는 일이므로 이런 개념들을 도외시할 수도 없다.

마음(mind)과 의식(consciousness)

마음이란 무엇일까? 때로는 생각, 감정, 의지, 혹은 이상 전부 다 등을 의미할 수도 있지만, 기도와 관련해서는 의식(consciousness)이 가장 중요한 핵심 개념이 될 수 있다. 예를 들면 '마음을 열어 하나님께로 향한다.', '쉬지 말고 기도하라', '하나님의 임재를 누려라', 등등의 표현에서 핵심적인 개념은 우리의 의식이다. 잡념(혹은 분심) 때문에 침묵이 잘 안된다는 것은 우리의 마음이 산만하기 때문인데, 이 마음의 산만함을 고정하기 위해서는 마치 흔들리는 배를 닻줄로 붙들어 매 놓는 것처럼 우리의 의식을 잘 다루어야 한다. 여기서 마음(mind)이란 것은 매우 애매한 개념으로서 우리가 생각하고 느끼는 지적인 장소와 거기서 일어나는 모든 정신활동을 포괄적으로 표현하는 용어이다. 그런데 여기서 마음을 그 장소나 공간에 해당하는 '의식'과 그 안에서 일어나는 정신활동의 '내용물'로 나누어 생각하는 것이 매우 중요하다. 즉 의식이란 우리가 깨어 있을 때, 그 깨어 있음을 자각하는 것이며, 마음의 여러 생각이나 느낌들을 담는 그릇에 비유할 수 있다. 우리는 그릇과 그 속에 담긴 음식물을 구분하듯이, 우리의 마음을 의식과 그 의식이 담고 있는, 또는 의식이 파악하는 대상으로서 생각이나 느낌들로 구분할 수 있다. 만약 지금, 이 순간 내가 하나님에 관해서 생각하고 있다면 "나의 의식이 하나님을 향해 있다, 하나님을 의식하고 있다"라고 말할 수 있다.[2] 이 때 하나님은 내가 생각하는 대상으로서 내용물에 해당하며, 나의 의식이 하나님을 담고 있거나, 하나님을 파악하는 마음의 공간이 된다는 뜻이다.

의식과 주의집중(attention)

그런데 사람의 의식은 어느 한 순간에 한 가지 밖에는 내용물을 담을 수가 없어서, 즉 한 순간에 어느 한 가지만을 의식(파악)할 수 있어서, 그 어느 한 가지에 주의를 집중하게 되면 다른 것은 그 순간에 의식할 수가 없다. 우리가 어느 사건이나 사물에 주의를 집중한다는 것이 바로 이를 말하는 것인데, 즉 주의(집중)란 어둔 밤에 후레시를 비추는 것처럼, 우리의 뇌속에 있는 여러 내용물들 중에 어느 하나에 밝게 비추는 것을 말한다. 밝게 비추어진 것은 의식이 되고, 나머지는 잠시 의식 밖으로 밀려나, 의식 속에 떠오르지 않는 상태로 있다. 예를 들어 우리가 운전을 하면서 오늘 만나는 친구 생각을 하는 순간에는, 우리 의식에는 친구가 떠올라 있고, 운전은 그 순간만큼은 무의식적으로, 자동적으로 하게 된다. 그러나 다음 순간 앞에 장애물이 나타나면 친구생각은 의식에서 제외되고 우리의 의식은 운전하는 것에 다시 집중하게 된다. 이렇게 우리의 의식은 한 순간에 일반적으로는 한 가지씩만 지각되는 것이 가능하며, 그 내용물은 길게 고정되지 못하고 수시로 바뀌게 된다. 앞 장에서 말한 것처럼 우리의 의식은 마치 촐싹거리는 원숭이처럼 쉴 새 없이 움직이며, 쉽게 안정이 안 된다. 따라서 주의는 이리저리 옮겨 다니고 여러 생각들이 마음 속에, 즉 의식 속에 나타났다 바뀌었다 하게 된다. 우리의 최종 목표는 우리의 마음을 주님께 향하는 것, 주님께 마음을 여는 것, 주님을 바라보는 것인데, 그것은 우리의 의식을 주님께 향한다는 뜻이며, 이는 하나님 임재의식을 갖는다는 것인데, 이런 상태를 훈련으로 개선시키려는 의도의 대표적인 예를 우리는 로렌스 형제의 하나님 임재연습에서 볼 수 있다.

알아차림(awareness)

앞 장에서 침묵이 잘 안 되는 이유는 잡념(또는 분심) 때문임을 알았다. 그렇다면 이를 해결하는 방법은 무엇일까? 오랜 역사 속에서 각 영성 전통들마다 나름 이를 극복하기 위하여 다양한 수련 방법들을 발전시켜 왔으며, 특히 마음의 명료함을 해결하는 인위적인 방법들은 불교전통 속에서 더욱 이론적으로 발전된 면이 있는데, 그것이 바로 명상인 셈이다. 물론 기독교 전통에서도 마음의 명료함을 이루기 위한 방법들이 있어 왔는데, 특히 동방정교회 영성에서 단순한 기도, 호흡기도, 아이콘 기도, 예수기도 등등의 이름으로 알려져 왔다. 이들 명상이나 단순기도들의 핵심은 위에서 설명한 바와 같이 의식의 산만함을 극복하기 위하여 어떤 단순한 특정 단어나 개념, 사물 등의 주의를 인위적으로 고정시키고 이에 의식을 집중하는 것인데, 이를 **집중훈련**이라고 하며.[3] 이 훈련의 핵심이 되는 심리학적 개념이 바로 '알아차림(awareness)'이다.

'알아차림'이란 우리의 의식이 지금 이 순간 무엇을 떠올리고 있는지를 깨닫는 것(realize)을 알아차림이라고 하는데, 예를 들어 운전하면서 지금 친구를 만나러 가서 어떤 말을 할까하는 생각에 빠져 있다가, 다음 순간 "아, 내가 지금 운전을 하면서, 나의 의식은 친구 생각(내용물)에 빠져 있었구나" 하고 깨닫게 되는 것을 알아차림이라고 한다. 즉 나의 의식이 의식 자체의 내용과 흐름을 바라보는 것을 의미하는데, 애착이론에서는 이를 메타인지라고 하며, 성찰과 마음챙김(mindful) 명상, 그리고 앞으로 설명할 단순한 기도들, 등등의 마음의 명료함을 수련하는 영성훈련에 광범위하게 응용되는 매우 중요하고도 기본이 되는 심리학적 기전이다. 우리의 의식을 우리가 바라는 하나의 내용물 또는 초점(예를 들면 하나님 생각)에 계속해서 집중하고 있기가 매우 어렵고, 수시로 다른 잡념으로 빠져들기가 쉬우므로, 결국 현실적으로는 다른 잡념에 빠져들었던 의식을 반복해서 알아차림으로 되돌아오는 작업을 계속 훈련하는 것이 되기 때문이다. 토마스 켈리[4]는 그의 책 "거룩한 순종"에서 이것, 즉 무엇인가에 의식이 빠져 있음을 알아차리는 즉시 되돌아 온다는 뜻에서 '즉시 지속적으로 새로워짐(continually renewed immediacy)'이라고 불렀으며, 유명한 중세시대의 영성가인 로렌스 형제[5]는 그의 하나님 임재를 의식하고자 하는 간절한 갈망을 일상 활동에서의 반복적인 알아차림을 연습하는 것으로 실천해 나가려고 하여, 이는 세상에서는 '임재연습'이라는 이름으로 잘 알려져 있다.

알아차림과, 이를 통한 집중훈련, 그리고 앞으로 소개할 바라보기와 흘러보내기 등의 개념들은 모든 명상이나 단순한 기도의 가장 기본적인 심리학적 매카니즘이라고 할 수 있는 훈련법이며, 이를 위한 실제적인 방법 중에서도 가장 쉽고도 일반적으로 하는 훈련으로는 호흡훈련이 있는데, 즉 우리의 의식을 호흡, 들숨과 날숨에 집중하여 고정시키는 훈련으로서, 이에 대하여는 이 장에서 간략하게 소개하도록 한다.

호흡훈련

우리가 하나님 앞에서 깨어 있으면서 하나님께 주의집중을 하려면, 곧 침묵을 지키면서 하나님께 경청을 하려면, 즉 묵상기도를 하기 위해서는 의식이 깨어 있으면서도 하나님을 향한 신뢰 안에서 마음이 열려 있어야 하는데, 그런 상태를 잘 도와줄 수 있는 기본적인 방법이 호흡훈련이다. 호흡훈련을 가장 간단하게 설명하자면, 안정된 자세를 취한 상태에서 자신의 호흡, 들숨과 날숨에 주의를 집중하여 살피면서 천천히 수를 세어 가는 것이다. 만약 도중에 다른 잡념으로 빠졌다면, 다시 주의를 가볍게 호흡으로 돌려 집중하기를 반복함으로써 의식의 깨어있음과 몸의 이완을 유지할 수 있다.[6]

호흡훈련을 통하여 마음을 안정시키고 의식을 집중하려는 것은 고대부터 내려온 마음 안정법이자, 대부분의 종교가 공통적으로 가지고 있는 가장 효과적이면서도 초보적인 집중훈련인데, 개신교에서는 이에 관하여 비교적 관심이 적었으나, 알아두면 잡념을 줄이고 마음의 안정을 얻는데 확실한 도움이 된다. 왜 호흡훈련이 가장 좋은 집중훈련이 되는가에는 여러 가지 설명이 있을 수 있으나, 저자는 호흡에 어떤 거룩한 의미를 붙이거나 신비한 의미를 부여하는 것에는 회의적이며,[7] 오히려 뇌과학적으로 설명하는 것이 옳다고 본다. 뇌에서 호흡의 중추는 우리 신체의 생리적인 리듬을 조절하는 핵(nucleus)들과 함께 뇌의 가장 아래 쪽, 뇌간(brain stem)에 존재하는데, 여기는 동시에 우리의 의식 상태를 조절하고, 외부로부터의 자극을 스크린하는 RAS(reticular activation system)의 중추이기도 하다. 따라서 우리가 호흡을 인위적으로 리듬있게 조절하면, 그 안정감이 곧바로 뇌의 피드백 네트워크를 통하여 우리 신체의 생체리듬을 안정시킬 뿐만 아니라, 우리의 의식을 깨어 있으면서도 집중력이 높은 상태를 유지할 수 있도록 적절히 자극한다.[8] 호흡훈련은 이와 같은 뇌생리학적 효과 외에도 이에 따른 심리적 효과를 얻을 수 있는데, 즉 마음의 안정감과 집중력의 향상, 자기감의 통합과 외부의 스트레스에 대한 조절능력의 향상을 얻을 수 있게 된다.

내면 바라보기와 성찰

이상의 호흡훈련에서 마음 속, 즉 의식에서 호흡이 일어나는 현상들을 바라보고, 이것이 흐트러질 경우 다시 의식 속으로 바로 잡는 연습을 해 왔다면, 그 다음 단계로 호흡현상 외의 그 어떤 마음에 일어나는 생각이나 느낌들 또한 어느 정도 통제할 수 있는 이해가 생겼다고 말할 수 있다. 우리 의식 속에 떠 오르는 사건들, 특수한 감정이나 나를 괴롭히는 생각들을 우리의 의식이 그것을 따라가서, 그 속에 매몰되어 한참을 헤매지 않고, 그저 담담히 앞에 펼쳐지는 영화 장면처럼 바라볼 수 있다면 우리의 마음은 훨씬 평온한 상태를 유지할 수 있게 된다. 그러나 자주 이런 담담함은 흐트러지며, 마음은 어느 한 스토리를 쫓아가게 된다. 하지만, 다음 순간 나의 의식이 그 스토리에 매몰되었음을 깨닫는 순간이 오는데, 이것이 바로 **알아차림**(awareness)이며, 그 알아차리는 순간 우리는 다시 담담히 우리의 의식을 바라보는 자세로 돌아올 수 있게 되며, 이렇게 **바라보고, (잡념에) 빠졌음을 알아차리고, 다시 되돌아오는** 훈련을 의식적으로 연습한다.

그런데 이런 호흡명상을 비롯하여 모든 묵상기도의 *끄트머리*

에 반드시 추가해야 할 잠깐의 시간이 있는데, 바로 성찰시간인 것이다. 예를 들면 호흡훈련이나 묵상기도를 끝내고 1-2분 정도(필요에 따라 때로는 길게도 하지만) 방금 했던 훈련이나 기도가 어떠했는지를 되돌아보는 것이다. 여기서 성찰이나 명상의 핵심은 의식과 내용물인 생각을 구분하는 것이 잘 되었는가? 어느 순간의 의식이 무엇을 담고 있었는가, 다시 부드럽게 되돌아 왔는가? 빨리 되돌아오지 않고 헤매었다면 무슨 이유인가? 훈련이나 기도 가운데 헤맸던 내용물인 생각이 내 삶에 어떤 중요한 것인가? 그것이 왜 방해했는가? 등을 살펴보고 분별을 하는 작업을 말한다. 침묵을 훈련하고 성찰하는 과정에서 우리는 감정을 느끼거나 생각하는 내용물이 있고, 이를 바라보며 관찰하는 '내'가 있는데, 그것을 심리학에서는 '관찰자아'(observing ego)라고 부른다. 관찰자아가 우리의 내면을 객관화해서 살펴보는 것을 성찰이라고 부르며, 이 관찰자아의 성찰기능은 우리의 자아성숙과 영적 성숙, 모든 분별을 비롯한 영성활동에서 매우 중요한 역할을 하기 때문에 관찰자아의 '성찰'(introspection 또는 reflection)을 아무리 강조해도 지나치지 않는다. 그러므로 모든 영성훈련의 끄트머리에 잠시 시간을 내어 그 시간이 어떠했는지를 살펴보는 성찰시간은 반드시 필요하다.

마음 비우기 훈련에 대한 주의할 점

이 장에서 설명한 마음 비우기, 즉 마음의 명료함을 얻기 위한 심리학적 기초 개념들과 지식들은 호흡훈련이나 명상들, 그리고 다음에 설명하려고 하는 단순한 기도 형태들을 이해하려고 할 때 좀 더 현대적으로 발달한 의식심리학과 뇌과학의 지혜들로부터 도움을 받고자 한다. 이런 개념들은 이미 불교 전통에서는 오랫동안 마음챙김(mindful) 명상 또는 위빠사나 명상이라는 이름으로 전해져 내려오고 있으며, 요즘 사회적으로도 널리 퍼져 있어서 마치 이 개념들이 불교전통의 전유물인 것처럼 여기기도 하지만, 사실은 앞서 언급한 대로 로렌스 형제의 '하나님 임재연습'이나 예수기도와 같은 기독교 전통에서도 활용되어 오던 인간의 마음을 다스리기 위한 보편적인 방법으로 이해할 수도 있다.[9] 여기서 독자들의 오해를 염려하여 강조하려는 것은 이러한 알아차림이나 집중훈련, 호흡훈련들은 모든 영성훈련의 기본으로서 마음의 명료함을 이루려는 작업의 심리학적 이해를 돕는 개념들이지만, 그러나 기독교 영성가들의 기도나 훈련은 결코 이들만으로 환원될 수 없는 것이며, 특히 기독교 영성수련에서는 그보다 훨씬 더 중요하고도 없어서는 안 될 요소가 있다. 그것은 당연히 인간의 이러한 준비 위에 값없이 은혜로 부어 주시는 하나님의 사랑과 양자 간에 이루어지는 관계의 신비함을 둘러싼 현상임을 분명히 해야 한다. 다만 여기서 강조하려는 것은 그 동안 이같은 인간 심리의 보편적인 현상들에 관한 현대 심리학적인 이해들에 대하여 기독교 내에서 소홀히 해 온 점을 인정하고 보다 잘 수용할 필요가 있다는 점이다. 이 문제는 현재 뿐만 아니라, 앞으로 더욱 발전이 예상되는 심리학과 뇌과학의 발견들과 성찰을 고려한다면 다소 안타까운 일이다. 과거에는 호흡훈련의 경우에서처럼 일부 영성훈련을 신비로운 언어들로 애매하게 포장하던 설명들은 현대에서는 불필요하고도 부정확한 이론이 될 수도 있다. 아울러, 명상수련이나 묵상기도를 깊이 있는 영성전통에 뿌리를 두지 않고 일시적인 현실의 어려움이나 고통을 회피하는 방법으로 사용할 경우 인격의 성숙/치유나 영적 성숙과는 거리가 먼 영적 회피(spiritual bypass)가 될 수도 있다. 반복해서 강조하지만, 특히 기독교 전통에서는 명상이나 묵상과 같은 영적 수련 방법들은 그 자체가 거룩하다거나, 신비함이 목적이 될 수는 없다. 현대 정신분석에서는 인격의 성숙과 영적인 성숙은 실재적 존재와의 관계, 일대 일이든 공동체적이든, 실재하는 대상과의 지속적인 관계를 통해서야 효율적으로 이루어진다고 보기 때문에 지나치게 마음수련 자체에 대한 완벽성을 주장하는 것이나, 자신의 내면 속으로 들어가는 것만을 강조함으로써 자아도취적 현실 착각이 일어날 수도 있다는 점을 주의해야 한다. 따라서 (하나님과의) 실존적 관계를 무시한 채 단지 마음의 평화를 지나치게 강조하는 영성수련(명상)에 관한 작금의 세태는 단지 뇌의 자기 조작(manipulation)에 불과하다. 오늘날의 뇌과학의 지식은 이렇게 상당 기간의 수련을 하게 되면 뇌 속에서 자가발전적 회로가 굳어지게 되며, 나중에는 회복이 어렵게 되어, 실제 하나님의 임재체험이나 하나님과의 관계를 오히려 가로막을 수 있는 위험이 있음을 시사한다.[10] 최근 들어 심지어는 기독교 단체 가운데서도 마음챙김이나 변형된 불교적 명상의 방법을 하나님 임재의식과는 상관없이, 또는 아주 교묘하게 왜곡하여 지도하는 경우가 있어 조심해야 하며, 마치 그런 명상들이 진정한 마음의 평화와 현실에서의 마음의 통제와 평정을 온전히 이루는 것이 가능한 것처럼 착각이 들도록 가르칠 때 종래에는 영성 자체에 대한 실망과 좌절을 불러올 수도 있다.

이상의 마음 비우기를 위한 인간적인 방법들은 절대 타자 하나님을 바라보기 위한 준비과정에 불과하다는 점을 아무리 반복해서 강조해도 지나치지 않는다. 여기서 이들보다 훨씬 더욱 중요하며, 기독교의 영성전통이 다른 종교의 전통들과는 전혀 다른 특성은 하나님 바라보기이며, 다른 말로는 '하나님과 사랑하기'라는 관계성인 것이다. 이것은 기독교의 독특하고 자랑스러운 영성수련법이다. 그리스도교의 관상기도(contemplative prayer)가 궁극적으로 추구하는 것도 하나님 안에서의 묵상인데 이는 불교적 마음챙김(mindfulness)과는 전혀 다른 것으로, 이 양자를 확실히 구분 짓는 부분이 바로 모든 기독교 영성전통의 수련에서 핵심은 그 의식 중심에 그리스도가 있다는 것이다. 그러므로 기독교 전통의 영성의 입장에서는 그리스도가 중심에 있지 않은 묵상이나 기도는 의미가 없고 잘못된 것이라고 말할 수 있으며, 진정한 기독교적 전통의 묵상은 궁극적으로는 마음을 비우는 것으로 그치는 것이 아니라, 절대 타자 하나님께로 돌아가는 것, 그리스도의 마음으로 돌아가는 것을 추구한다는 점을 잊지 말아야 한다. 이 점은 다음 장에서 더 상세히, 반복적으로 설명하려고 하지만, 기독교의 영성수련, 즉 기도는 이 핵심적인 사실, 두 요소, 마음의 명료함에서 출발하여 절대 타자 하나님을 바라보고 사랑하게 됨을 지향한다는 일관된 시각을 지닌 채 모든 영적 수련 과정을 이루어 가게 된다. 따라서 앞에서 설명한 침묵하기와 호흡훈련과 내면 바라보기는 단지 수련과정에서 순서적으로 훈련하는 것일 뿐, 어느 정도 익숙하게 되면, 후반부의 **사랑하기**가 이 모든 것을 감싸 안아, 처음부터 일관되게 하나님을 바라보는 시각 안에서 이루어진다고 본다. 이것이 진정한 기독교적인 묵상기도이다.[11] 따라서 다음에 설명할 여러 형태의 단순한 기도들 또한 이 두 요소를 균형있게 갖춘 시각으로 이해함이 필수적이다.

단순한 기도의 방법들

일찍이 사도 바울의 항상 기도하라는 권고를 실제로 실천하고자 하는 초기 영성가들의 갈망은 하나님을 바라보는 것 안에서 이루어지는 것으로 이해할 수 있는데, 왜냐하면 그렇게 하는 것은 세상으로부터 집착을 내려놓고 마음을 비움으로써 명료함을 얻는 것과 동시에 의식을 그 분께 보다 잘 집중할 수가 있게 되기 때문이다. 이를 위하여 가장 효과적인 기도의 방법은 특정한 단어나 간단한 문장을 단순히 반복하며, 기도가 자신의 영적 리듬의 일부가 되어 가장 깊은 마음으로부터 저절로 솟아나도록 하는 방법이 될 수 있다. 관상기도의 고전적인 교과서로 불리는 '무지의 구름'은 "하나님을 향한 모든 갈망을 한 단어로 표현할 수도 있다. 되도록 짧은 단어를 택하는 것이 좋다. 그 단어를 마음 속 깊이 간직하여 어떤 생각이 떠오르든지 그것이 마음에서 떠나지 않게 하라."라고 권고

하고 있다.[12]

이렇게 우리가 하나님의 임재와 가장 깊은 곳에서 만나는 방법으로서 짧은 기도를 반복해서 바치는 것을 '마음의 기도(the prayer of the heart)'라고 하며, 오랜 기독교의 영성전통의 역사를 통하여 적지 않은 마음의 기도에 대한 시도들이 있어 왔는데,[13] 예를 들면 사막의 교부들의 간단한 시편[14]이나 복음서의 구절들을 이용한 기도, 화살기도라고 부르는 것들, 동방정교회 전통의 예수기도, 이콘기도와 라비린스 기도, 몸기도 등을 들 수가 있는데, 이들은 그 단순한 특성으로 인하여 의식의 집중훈련을 통한 마음 비우기에 적합한 형태들을 지녔다. 여기서는 그 중 일부를 간단히 소개하는데 그치고 더 관심이 있는 독자들은 별도의 참고도서들을 찾아봐 주길 바란다. 이 기도들 역시 바로 앞에서 설명한 것처럼 영성수련의 두 요소, 즉 마음비우기와 하나님 바라보기를 균형있게 갖추고 수련함이 필요한데, 그러나 이러한 '단순한 기도'들의 주목적이 좀 더 마음비우기(또는 의식의 집중)에 주안점이 있기 때문에 독자들이 집중훈련과 호흡훈련을 통하여 마음비우기의 중요성을 잘 이해한다면 굳이 특정 영성전통(예를 들면 예수기도는 동방 정교회의 영성전통을 대표하는 수련법이다.)을 대표하는 고정된 형태를 따를 필요가 없다는 생각이며, 누구든지 자유롭게 자기 스스로에게 맞는 형태를 발전시켜 나갈 수 있다. 그런 입장에서는 이 책에서는 하나의 대표적인 제안으로서 아빌라의 데레사나 마틴 루터가 강조한 '주기도문'을 이용한 단순한 기도를 추천하며 이에 관해서는 다음 4장에서 별도로 설명하려고 한다.

사막 교부들의 기도와 시편을 활용한 기도

사막교부들의 삶에서 기도가 매우 중요한 위치를 차지하고 있음은 분명한데, 왜냐하면 그들에게 기도는 목숨이 달린 거친 자연과 내면의 악과의 싸움에서 기도란 영적 투쟁을 위한 탁월한 무기로서 하나님의 도움을 받아야 했기 때문이다.[15] 마음의 기도의 가장 오래된 형태는 아마도 시편에 나오는 짧은 구절들일 것이다. 압바 모세가 카시아누스에게 권한 시편 구절, "오 하느님 저를 구하러 오소서. 주님, 어서 오사 저를 도우소서."는 마음을 모으고 하나님을 바라보기 위하여 수도승이 바치기에 특히 좋은 단순한 기도의 한 예이다. 이런 탄원을 큰 소리로 바칠 수도 있었겠지만 복음서의 세리의 기도처럼 겉으로 표현하지 않고 은밀하게 할 수도 있었다. 압바 암모나스는 세리의 기도 "오 하나님! 이 죄인을 불쌍히 여겨 주십시오."(눅 18:13)를 항상 마음에 간직하라고 권고하였는데, 이런 기도는 하늘을 향한 단순한 시선으로 하나님의 도움을 요청할 수도 있었다. 마카리우스는 기도를 너무 길게 할 필요가 없다고 주장했다. 손을 펼쳐 "주님, 당신이 원하시고 아시는 바대로 자비를 베푸소서." 그리고 싸움 할 때는 "주님, 도우소서!" 말고 달리 할 말이 없다고 하였다. "하나님께서는 우리에게 유익한 것이 무엇인지 잘 아시며, 우리에게 자비를 베푸신다."[16] 이와 같이 온 힘을 다하여 의식을 주님께 집중하려면 그 부르짖는 기도의 내용이 점점 단순해 질 수 밖에 없게 됨을 알 수 있으며, 이런 사막 교부들의 단순한 부르짖음은 점차로 4세기에 이르러 다음의 동방 정교회의 영성을 대표하는 예수기도로 발전하게 되었다고 볼 수 있다.

예수기도[17]

러시아 무명의 그리스도인이 저술했다고 알려진 한 책이 19
세기에 유럽 그리스도 공동체에 알려졌는데, 그 내용은 다음
과 같다. 하나님을 만나기 간절히 원하는 한 그리스도인이 19
세기 중반 어느 가을날 완전한 기도의 비밀을 찾아 들판을 가
로질러 집을 나섰다. 그는 성경과, 몇 조각의 마른 빵과 하나
님을 바라는 불굴의 의지만을 가졌을 뿐, 처음에는 그의 소명
은 가망이 없어 보였다. 그는 방문하는 마을에서마다 가르침
을 받으려고 했지만, 그가 받은 것은 평범한 설교 정도였다.
그가 바란 것은 자신을 하나님께로 인도할 수 있는 확실한 방
법이었다. 결국 그는 한 교회의 영성지도자인 스타렛츠[18]를
만나 그가 찾던 것을 받았는데, 즉 "주 예수 그리스도 하나님
의 아들이여, 죄인인 제게 자비를 베푸소서"라는 문장을 반복
하는 것이었다. 이것이 그 순례자의 삶을 바꾸었다. 그는 이
구절을 앉아 있을 때든, 걸을 때든, 하루 종일 가능한 모든 순
간마다 의식하고 암송하였으며, 그의 호흡과 심장의 리듬에
맞추어 그 구절과 자신이 일치가 되게 하는데 온 힘을 다하였

다. 그 결과 그는 다음과 같은 고백을 할 수 있게 되었다고 한다.

"때로는 저는 가슴 속에 끓어오르는 기쁨이 있습니다. 가벼움, 자유로움, 위로하심도 그 안에 있습니다. 때로는 나는 예수 그리스도, 그리고 하나님의 모든 피조물들을 향한 불타는 사랑을 느낍니다. 나 같은 죄인에게 큰 자비를 베푸시는 하나님께 대한 감사로 인해 내 눈은 눈물로 차오름을 느낍니다. 예수의 이름을 부를 때에 나는 축복으로 뒤덮히며 이제는 '하나님의 왕국이 네 안에 있다'라는 말의 의미를 알게 되었습니다."[19]

한 세기 반이 지나서 이 무명의 러시아 순례객의 이야기는 아주 유명하게 되어 유럽 전역으로 널리 퍼졌다. 예수기도는 매우 단순하고 순수한 의미에서 청원기도로서, 우리는 이 기도로부터 유래된, 그러나 이보다 더욱 단순하게, 예를 들면 "하나님, 자비를 베푸소서.", 또는 "예수님, 자비를!" 등으로 하나님께 예수 그리스도의 이름으로 그분의 자비를 청원할 수 있다. 열 두 단어로 압축되어 있는 이 예수기도로 인해 어떤 정교회 헤시키스트 신학자는 "이 기도는 하나님의 임재의 신호인 거룩한 에너지를 하나님께로부터 받는다"고도 주장하였다.[20] 우리가 예수기도로 기도할 때 하나님도 우리와 함께 기도하신다거나, 이 거룩한 기도 가운데서 하늘과 땅이 연합된다고 주장하는 학자들도 있다. 전통에 의하면, 누가복음 18장 35-43절에서 여리고로부터 온 맹인이 "예수님, 다윗의 자손이시여, 제게 자비를 주소서"라고 했고, 그 결과 "너희가 무엇이든지 내 이름으로 아버지께 구하면 그가 그것을 너희에게 주리라"(요 16:23)고 하신 말씀대로 시력을 회복하였던 것처럼, 예수기도는 그 자체로서 하나님의 신비한 힘을 발휘하는 기도가 된다고도 한다.

처음에는 예수기도를 할 때 천천히 각 단어에 주의를 집중하면서 자주 반복하되, 순례자는 하루에 600번까지 가능하다고 하였으며, 횟수를 세기 위하여 매듭이 있는 로프나 실끈을 사용할 수도 있다. 기도가 어느 정도 깊어지면 자가활동으로 되는데, 의식적으로부터 무의식적으로, 머리로부터 가슴으로,

지적인 곳으로부터 우리 존재의 중심 속으로, 옮겨지면서 결국 이 기도를 깨어있을 때나 잠들 때나 항상 부르게 된다. 이 기도는 대표적인 '마음의 기도(the prayer of the heart)'로 알려져 왔는데, 이렇게 마음의 기도는 처음에는 자신의 노력에 의하여 어느 정도 능동적으로 이끌지만, 점차로 머리에서 가슴[21]으로 내려가면서 우리 존재의 핵심인 마음에서 나오는, 성령께서 이끄시는 수동적인 기도가 되며, 그러면 "마음과 영혼, 몸과 마음, 기억과 의지, 생명 그 자체의 숨결, 당신이 갖고 있는 모든 것이 감사와 기쁨으로 하나가 되어 바이올린 현처럼 예수 이름에 맞춰집니다."라고 정교회 영성가 매튜스-그린은 표현하고 있다.[22]

향심기도

예수기도는 마음의 기도의 대표적인 예로서 그 자체가 "마음의 기도(the prayer of the heart)"를 의미할 정도로 잘 알려져 있지만, 현대에 들어 이에 못지않게 보편적으로 통용되는 단순한 기도의 형태가 있는데, 바로 향심기도(centering prayer)이다. 향심기도는 1970년대 베네딕트 수도사인 토마스 키딩 등 세 명의 신부들에 의하여 개발된 관상기도 방법인데, 14세기 영성 고전인 "무지의 구름"의 권고에 따라 '거룩한 단어'라고 부르는 짧은 단어들, 예를 들면 사랑, 신뢰, 하나님, 야훼, 그리스도 샬롬, 평화 등의 단어를 선택하여 마음의 기도가 되도록 하는 기도이다. 향심기도는 현대인들에게 적용하는데 편리성과 마음의 명료함에 대한 효과로 인해 세계적으로 관상기도 공동체들에서 상당히 보편적으로 사용되고 있는 실정이다. 그러나 그 거룩한 단어의 의미가 단순한 집중의 대상으로서의 기능을 한다는 점과, 불교전통의 마음챙김 명상과 유사하여 지나치게 마음의 명료함에 치우쳐 하나님과의 관계성이 결여되어 있다는 점에서 주의를 요하며, 다른 전통적인 기독교 묵상기도의 방법으로 보완함이 필요하다고 본다.

기도에 관한 예수님의 가르침

이상의 잘 알려진 기도문구나 방법 외에도 걷기기도, 이콘기도, 라비린스기도 등 여러 유형의 관상적 기도가 있다. 이런 침묵기도, 관상기도라고 하는 것들은 어느 정도 고전으로부터의 인용인데, 물론 마음의 안정과 고요함을 얻는데는 일정한 유익이 있을 수 있으나, 반면 거기에는 상당한 오해와 과장, 개인적인 특이성 등이 있어서 독자들은 주의 깊게 분별하면서 접근할 필요가 있다. 왜냐하면 오랜 세월 동안 기독교 공동체에서 검증되지 않은 어느 특정 기도를 선택하여 오랜 기간동안 몰두하게 되면, 우리 뇌의 특성의 변형을 초래하므로[23] 초기에 주의를 요한다.

위에서 언급한 단순한 문장이나 단어를 주문처럼 외우는 형태의 기도는 불교나 이슬람 전통의 영성수련에서도 흔히 있는데, 이렇게 짧게 반복하는 단순한 기도들은 자칫하면 주술적인 반복에 그칠 위험이 있는데, 그 결과 일시적인 마음의 평안을 맛볼 수는 있으나, 그것은 오히려 진정한 의미의 각 종교가 추구하는 영적 전통의 영성과는 거리가 멀어질 수도 있다. 단순한 마음의 명료함만을 목적으로 하며, 하나님과의 관계성, 즉 예수 그리스도의 영과 함께 하지 않는 기도는 현대 심리학의 개념으로는 뇌의 구조, 신경연결망 회로의 인위적인 변형을 유도하는 뇌 조작(brain manipulation)이라고 할 수도 있으며, 우리가 위의 단순한 기도들을 할 때에 바로 이 점을 진지하게 고려해야 하는 부분인 것이다. 안타깝게도 오늘날의 일부 영성가들 중에는 이러한 경향이 없지 않아서, 이를 기도생활의 주요 묵상방법으로 사용할 때 특히 조심해야 하는 부분이기도 하다. 이에 관하여 영성가 제랄드 메이가 한 말을 기억하는 것이 도움이 될 것이다. 그는 "만일 우리가 오로지 단어나 구절, 혹은 이미지에만 집중한다면 우리는 하나님의 진정한 임재에 주의를 기울일 수 없을 것임이 분명하다. 기껏해야, 그것들은 단지 하나님의 임재와 우리의 갈망에 대한 상징적인 반영과 표현일 뿐이다."라고 언급하였다.[24]

옛 영성가들은 성령이 거하시는 우리 존재의 중심, 속사람으로 내려가서(엡 3:16) 드리는 기도를 마음의 기도라고 하였다. 머리에서 이루어지는 사고, 지적인 기도에 비하여 사고와 감성이 통합되어 전 존재가 드리는 기도라고 할 수 있다. 그런 의미에서 주님이 가르쳐 주신 **주기도문**은 그 길이나 형식에 있어서도 이상적인 기도라고 할 수 있다. 내용보다는 마음을 가라앉히기 위하여 주술처럼 의미 없이 읊어대는 잘못에 빠질 수 있는 짧고 단순한 기도들에 비하여, 의미를 묵상하면서도 그리 길지가 않아서 운율에 맞추어 외우기에도 적절한 길이이기 때문이다. 그래서 마틴 루터도 예수기도보다는 주기도문을 묵상하는 것이 좋다고 권하였다고 한다.[25] 그러나 이들 고정된 형태를 기계적으로 따르기보다는 각자에게 주시는 영적 칼라의 독특성에 따라 걷기기도든, 묵상음악이든 또는 자연의 이미지를 통한 기도든, 성경구절이든, 자유롭게 선택하여 활용하는 것도 묵상기도의 초기에는 좋지만, 결국은 묵상기도의 두 요소를 균형 있게 갖춘 **렉시오 디비나**와 **의식 성찰**이 가장 바람직하다고 본다.[26]

예수의 가르침에서 예배, 그리고 기도의 핵심은 영과 진리로 기도하는 것이다. (요 4:24) 이 말이 의미하는 것은, 우리의 마음이 진정성을 가지고 전심으로 주님을 찾으면(대하 16:9) 주님을 만날 수 있다는 말이며, 아울러 성령의 인도하심이 있어야 한다는 것이다. 익히 아는 바와 같이 하나님은 스스로 움직이시는 분이기에 누구의 조정도 받지 않으시므로, 그 분의 긍휼하심과 자비를 구하는 것 외에는 한 발자국도 그분께 다가갈 수 있는 노력이나 방법이 없다는 것이 특히 개혁신앙의 영성전통이다.

그래서 예수는 유대인들이나 에세네파처럼 풍부하고도 다양한 여러 기도문을 가르쳐 주시지 않았던 것은 기도문의 형식이나 모양에 갇혀 자칫 위의 두 가지 중요한 점을 놓치게 되기 때문이라고 이해한다. 기도는 방법이 중요한 것이 아니라 주님을 바라보고 만나려고 하는 갈망, 열성과, 인도하심에 의지하는 것 외에 다른 길이 없음은 아무리 반복해도 부족하지 않을 것이다. 다만 우리는 영성발달의 정도에 있어서 그리 넉넉한 성숙이 없기 때문에 어린아이와도 같이 일시적으로는 어떤 규칙이나 형식에 의지할 수도 있으므로 기도가 익숙치 않을 때는 이런저런 기도 방법이나 전통을 흉내내 보는 것도 좋은 방법이지만, 그러나 반드시 기억해야 할 것은 어느 정도 익숙해지면 그런 형식은 넘어서야 하는 것이다.

영성지도자 제랄드 메이 또한 기도 스타일이나 형식에 대해서 걱정하지 말 것을 당부한다. "오직 정직과 진리만을 추구하라. 당신의 갈망을 최대한 느끼라. 그리고 당신의 있는 그대로의 모습으로, 있는 그대로의 하나님과 함께 머물라. 자유롭게 기도하기를 실험하라. 좋은 기도는 어떠해야 한다는 어떤 정해진 기도 방법이나 이미지들에 자신을 맞출 필요가 없다. 동시에 만일 기도의 어떤 구조화된 형태가 당신에게 자연스럽게 느껴진다면 그것 또한 제한할 필요가 없다. 파격적인 새로운 형태의 기도에 최대한 마음을 열라. 그러나 만일 형식적이고 틀에 박힌 기도가 당신에게 가장 진솔해 보인다면 기꺼이 그 것에 자신을 맡기라." [27]

"만일 기도에 대한 어떤 '올바른' 방법이 있다면 그것은 가장 단순하면서도 하기 힘든 것, 바로 단순히 자기 자신이 되는 것이다....아무런 가감없이, 행동에 신경 쓰지 않고 아무런 꾸밈 없이 진정한 모습으로, 의식하며 그 분과 함께 있는 것이다." [28]

이 장의 요약과 마지막 충고

이 장의 내용을 요약하자면, 기도를 포함한 기독교의 영성수련은 두 가지 측면이 있는데, 한 가지는 이제껏 알아본 마음의 명료함 수련이며, 이는 모든 종교의 공통적인 요소이다. 그러나 기독교는 불교와는 전혀 끝이 다른 관계성의 측면이 있다는 것이다.

마지막으로, 이 책의 처음부터 끝까지 독자들이 잊지 말고 염두에 두고 읽어야 할 가장 중요한 한 가지를 언급하고자 한다. 그것은 새로운 것이 아니라, 우리가 익히 알고 있는 것이지만 너무나 자주 잊어버린다는 점이다. 바로 하나님의 이끄심과 우리의 수용성에 대한 이야기이다. 모든 묵상은 사랑 그 자체와 마찬가지로 하나님의 선물이라는 점이다. 이 책 첫 장에서부터 깨어남이 매우 중요한 개념임을 말하면서, 그 깨어남은 우리 자신이 스스로 깨어나는 것이라기보다 하나님의 깨우심, 즉 부르심으로부터 비롯된다는 점을 강조한 바 있음을 독자들은 기억할 것이다. 이 책, 특히 이 장의 묵상에 관한

다소 장황한 심리학적인 설명에도 불구하고, 모든 우리의 묵상적 노력은 하나님의 이끄심에 전적으로 의지하고 있으며, 어느 것 하나도 우리 맘대로 일어나지 않는다는 점은 아무리 반복해서 강조해도 지나치지 않는다. 그것은 모든 심리학적 설명과 이해를 초월하는 것이며, 이 책의 모든 수련 노력은 단지 하나님이 주시는 선물을 조금 더 잘 받기 위한 갈망에서 비롯된 손짓일 뿐이다. 만약 묵상이 뭔가 잘못 된다면 그 모든 오류는 바로 이 점에서부터 비롯된다고 감히 말할 수 있다.

"관상은 모든 사람에게 일어난다. 그것은 우리의 마음이 열려 있고, 방어하지 않고 바로 지금 여기에 존재할 때 일어난다. 관상가라고 부르는 사람들은 단지 그러한 순간의 확장을 추구하는, 바로 그런 존재의 본질 속에서 좀 더 온전하고 지속적으로 살아가려고 갈망하는 사람들일 뿐이다."라고 제 랄드 메이는 말한다.[29] 그래서 그는 우리가 어린 아이였을 때 는 모두 타고난 관상가였다고 말한다. 그는 이어서 주장하기를, 우리 대부분은 그 본성을 잃었는데, 그 이유는 교육에 의

해 조건화되었기 때문이며, 그래서 누군가 어떤 왜곡, 배제, 회피, 마취도 없이 우리 자신을 있는 그대로, 우리가 살아가는 세상을 있는 그대로 직면하려는 의지, 정직, 담대한 갈망 등이 있다면 이를 회복할 수 있다고 말한다.[30] 그는 이어서 말하기를, 관상의 지향점, 즉 목적을 분명히 하는 것이 중요한데, 그것은 하나님께 드려지는 것이라는 점이다. 관상은 하나님을 향해 바라보며, 그에게 사랑의 팔을 벌리는 것이라는 것이다. 따라서 관상은 깊은 신뢰와 믿음으로 우리를 인도하는 것이지, 세상 사람들이 말하는 것처럼 마음의 평안으로 인도하는 것은 아니라고 주장한다. 그러므로 우리가 관상(묵상)적 현존을 스스로 만들어 낼 수 있는 방법은 없으며, 관상이란 오히려 어떤 특별한 일(체험)이 일어나도록 하는 노력을 그만 두는 것, 우리 자신의 경험에 대한 통제를 내려놓고, 하나님을 신뢰하며 그 분의 손에 드리는 것이라는 점을 강조한다.[31] 따라서 이 책에서 언급하는 묵상의 방법들, 심리학적인 이해들은 이러한 하나님의 이끄심에 전적으로 의지한다는 신뢰를 바탕으로 하지 않는 한 심각한 오류에 빠질 수 있음을 잘 인식하는 것이 필요하다.[32]

모든 묵상 수련은 하나님에 대한 성별된 신뢰로 시작한다고 제랄드 메이는 말한다. "가능한 한 모든 것을 놓아버리고 하나님이 하시도록 내버려 두는" 태도는 수동적으로 보일지도 모르지만, 이는 매우 중요한 포인트인데, 우리의 생각과 경험이 하나님의 사랑 안에서 자연스럽게 일어나도록 허용하고, 그것들을(되지도 않으면서) 통제하려고 하지 않는 것을 의미한다고 설명하였다. "우리가 있는 그대로의 것들에 열려 있는 하나님 중심의 현존을 추구하려면, 어떤 특별한 일이 일어나게 하려는 시도를 그만 두어야 한다. 우리는 자신의 사고와 감각을 자유롭게 내버려 두어야 한다. 처음부터 경험을 걸러내거나 검열하려는 통상적인 시도를 버려야 한다."[33]

미주

1. 이 분야에 관하여 최근 들어 현대 의식심리학과 뇌과학에서 상당한 발전을 이루고 있는데, 대체로 불교전통의 영성과 관련된, 특히 '명상'에 관련된 연구가 앞장서 이루어지고 있으며, 이 중에는 상당 부분 공통으로 기독교적인 종교체험이나 기도와 관련하여서도 참고가 될 만하다. 그러나 앞으로 기독교 고유의 전통과 관련하여, 즉 기독교의 관계성과 관련된 심리학, 특히 애착과 관련된 심리학과 사회적 뇌과학 등의 분야에서의 연구도 활발해질 필요가 있다.

2. 영성에서는 이것을 임재의식이라고 한다.

3. 침묵 가운데서 외부로부터의 감각의 유입을 차단한 채, 내면의 한 곳에 집중함으로써 마음을 안정시키는 방법을 내향적 주의집중이라고도 한다.(예: 참선에서 화두 들기, 호흡명상 등) 이에 비하여 외부의 한 곳을 집중하는 방법을 외향적 주의집중이라고도 하며, 예를 들면 불교의 만다라나 동방정교회 전통의 아이콘 기도를 들 수 있다. 그 밖에도 체계화되지 않았지만, 종교 전례들에서 흔히 사용되는 북소리나 징소리, 일정한 음향, 주술 등을 외우는 것, 음악듣기, 자연감상 등등도 이와 같은 역할을 한다고 볼 수 있다. 여기서 우리가 관심을 가질 수 있는 것으로는 호흡훈련과 예수기도를 들 수 있다. 좋던 싫던 우리 그

리스도인들도 전례에서 아주 흔히 기본적으로 사용하고 있음을 이해해야 하는데, 예를 들면 기도회 때 반복적으로 '주여'를 외치거나, 찬송가 후렴을 반복해서 부르는 것 등등이다. 이런 행위들은 우리의 갈망을 표현하는 것이면서 동시에 심리적인 효과를 가져오는 행위이기도 함을 이해해야 한다. 이 자체로서는 거룩한 것도, 신적인 것도 아니다. 그러나 동시에 기독교에서는 불교와는 달리 우리가 마음을 가다듬고 하나님을 바라보려는 사랑의 행위이므로 묵상기도를 위한 없어서는 안되는 과정임을 또한 이해해야 한다.

4. 토마스 켈리. 1983년 태어난 미국의 철학자. 하버드에서 교수로 재직하였다. 그는 퀘이커 영성의 전도자로, 관상적 삶을 살고자 노력하였으며, 대표작으로는 기독교 고전인 "거룩한 순종"(김태곤 역, 생명의 말씀사, 2006)이 있다.

5. 로렌스 형제. 17세기 프랑스 맨발의 갈멜 수도회 평수사로 평생을 부엌일과 구두수선일로 보내면서 하나님을 의식하고자 하는 갈망에 대한 그의 가르침을 모은 책, "하나님 임재연습"(임종원 역, 브니엘, 2012)은 오랜 세월 동안 기독교에서 고전 중의 고전으로 잘 알려져 있다.

6. 좀 더 구체적인 설명은 다른 명상 책들에서 흔히 볼 수 있으므로 이곳에서는 생략을 하였다. 중요한 것은 이론이 아니라 자

신이 반복해서 직접 경험을 하는 것이다.

7. 잘 알려져 있듯이, 호흡이란 단어의 고대 히브리어는 루아흐 (ruach)로서, 이 말은 "영"이란 뜻으로도 사용된다. 창세기에 하나님이 자신의 형상을 따라 인간을 창조하실 때, 자신의 호흡을 불어넣어 창조하셨다는 기록은 우리의 호흡이 영적인 의미와 함께 생명력이란 의미와도 밀접한 관련이 있어 신비하게 다가온다.

8. 이와 같은 의식상태를 뇌과학자 대니얼 시겔은 '알아차림 의식 (awareness consciousness)'라고 하여, 명상 시에 나타나는 특별한 의식상태로 보았다. "쉽게 쓴 대인관계 신경생물학 지침서."(대니얼 시겔 저, 이영호·강철민 공역, 학지사, 2016.)를 참고할 것.

어떤 연구자는 이같은 호흡훈련에 대한 설명에 더하여 고정적인 외부의 집중대상보다는 역동적이고 리드미컬한 호흡이 지루함을 유발하지 않고 비교적 상당기간 집중력을 높이는데 보다 효과적이기 때문이란 설명을 덧붙이기도 한다. 여기에는 호흡훈련을 하면서 갖추게 되는 심리적인 자세가 중요한 역할을 하기 때문이다. 즉 주의력을 안정시켜 호흡의 감각이 흘러가는 것을 따라가며, 새롭게 떠오르는 생각이나 기억을 덩달아 휩쓸려가지 않고 알아차릴 수 있게 된다. 이에 따라 의식이 산만해지는 순간을 관찰할 수 있으며, 의식이 다시 호흡에 집중할 수 있도록 객관적으로 이동시킬 수 있게 되므로, 열려 있음, 관찰, 객관성이 연결되어 이에 따라 주의력이 안정되어 간다. 이런 훈련을 장기간 하게 되면 우리의 뇌는 자연스레 신체와 마음의 안정된 통합을 이루게 된다.

9. 앞 장에서 설명한 바와 같이 이 방법들은 오히려 기독교에서 더욱 심오한 영성적 깊이 또한 겸하여 가지고 있으며, 이는 '비움의 영성' 또는 '케노시스의 영성'으로 잘 알려져 있다.

10. 이에 대한 뇌과학적인 설명을 신경가소성(neuroplasticity)이라고 부른다.

11. 물론 엄밀히 따지자면, 하나님 바라보기나 하나님 사랑하기는 우리 인간의 편에서 시작하고 이루어지는 일이 결코 아니라 하나님의 시작과 인도하심 안에서 수동적으로 이루어질 수 밖에 없다. 그런 뜻에서 저자는 엄밀한 의미에서 관상, 관상적 체험, 관상적 상태란 주부적(infused)일 수 밖에 없다고 보며, 능동적 관상이란 불가능한, 잘못된 개념이라고 본다.

12. "무지의 구름"(저자 미상, 은성, 2010). "당신의 갈망을 한데 모으는 짧은 단어를 하나 선택하라. 사랑, 신뢰, 하나님, 야훼, 예수아, 그리스도, 예수, 샬롬, 평화 등..." 이에서 영감을 얻은 토

마스 키딩 등 3인의 베네딕트 신부들에 의하여 1970년대에 향심기도가 만들어져서 오늘날 가장 흔히 통용되는 단순한 기도로 발전하였는데, 일부 영성가들에 있어서 마음의 명료함을 이루기 위한 면으로 지나치게 치우쳐 있어서 자칫 하나님 바라보기, 관계성의 측면을 소홀히 하는 경향이 있음을 주의해야 한다.

13. 사막의 교부들 시대부터 이런 수련운동을 '헤시키즘 (hesychasm)'이라고 불려 왔으며, 동방 정교회의 영성서인 "필로칼리아(philokalia) I-IV"(니코디모스·마카리오스 등 저, 엄성옥 역, 은성, 2001-2008) 에 잘 나와 있다. 예수기도가 일반적으로 잘 알려져 있기 때문에 '마음의 기도'하면 '예수기도'와 동의어로 알려져 있기도 하지만, 원래 그런 것은 아니었다. '마음의 기도'란 용어 자체는 우리가 기도를 처음에는 형식적으로, 그리고 지적으로 드리지만, 일상에서 매 순간 하나님 임재를 추구하면서 기도가 꾸준히 삶의 전체로 녹아 들어가고, 기도가 '머리)'에서 '가슴(heart))'으로 내려가게 되면 관상적 삶이 펼쳐진다는 의미에서 붙여진 용어이다.

14. 대표적으로는 시편 22편의 "속히 나를 도우소서"와 같은 구절을 들 수 있다.

15. "토마스 머튼이 길어낸 사막의 지혜; 4세기 사막 교부들의 말씀". 토마스 머튼 엮음, 안소근 옮김, 바오로딸, 2020.

16. "사막의 교부 이렇게 살았다". 뤼시앵 레노 지음. 허성석 옮김, 분도출판사, 2006.

17. 예수기도의 역사적인 기원은 시나이의 헤시카즘(Sinaite Hesychasm)에서 유래되었으며, 사막 교부들의 관상적 전통을 통해 전승되다가 14세기 전후 비잔틴 시대에 제도권 동방 교회로 유입된 것으로 본다. 동방 정교회의 가르침에 따르면, 예수기도의 성경적인 기원은 사도 바울의 항상 기도하라는 가르침에 따른 것이다. 예수기도의 형태가 최초로 형식화 된 것은 14세기로 추정되는데, 누가복음 18장 13절을 인용한 "주 예수 그리스도 하느님의 아들이시여, 자비를 베푸소서"란 간단한 문장으로 구성되어 있다.(이상 "위키백과") 세상에 널리 알려지게 된 계기는 "필로칼리아"의 출판과, 어느 무명의 순례자가 쓴 "순례자의 길"(엄성옥 외 역, 은성, 2003)이 서방 세계에 알려진 후로 추정된다.

18. 러시아 지방의 은둔자이면서 영성지도자로 활동하던 사람을 스타렛츠라고 불렀다.

19. "순례자의 길". 무명의 순례자. 엄성옥 외 역, 은성, 2003.

20. 위의 책.

21. 'nous', 영어로는 heart, 우리말로는 보통 마음 또는 가슴, 심장이라고 번역하지만, 저자의 생각에는 심령이라는 번역이 더 나

을 수도 있겠다.

22. Mathewes-Green, F. "예수의 기도: 마음을 하나님께로 맞추는 고대 사막의 기도". Paraclete Press, 2009.9, 18019, 45.

23. 이것을 뇌의 가소성(neuroplasticity)이라고 하는데, 뇌에 특정한 자극을 장기간에 걸쳐 고정적으로 지속할 때 우리 뇌의 연결회로가 이 특정 자극에 맞추어 변형, 고착이 되어서 나중에는 다른 시도나 변화를 받아들이지 못하게 된다는 개념이다. 이 경우 특정 기도의 형태에 장기간 편향적인 습관을 들이면, 나중에는 그 기도 방법이 잘못 되었다는 것을 알게 되더라도 개선하기 어렵게 된다고 볼 수 있다.

24. 제랄드 메이 지음. "사랑의 각성". 김동규 역, IVP, 2006, p240.

25. 마틴 루터. "마틴 루터의 기도". 브니엘, 2022.

26. 이 책 6장, 7장, 8장에서 상세히 설명할 것이다.

27. 제랄드 메이 지음. "사랑의 각성". 김동규 역, IVP, 2006.

28. 위의 책, p99.

29. 위의 책, 10장 관상적 현존, p275.

30. 이 점은 다소 독자들의 오해를 불러일으킬 수 있는 표현이다. 이는 당시의 진보적이고 동양적인 영성의 흐름에 타협한 표현으로 저자 나름 이해하는데, 이런 표현들은 제랄드 메이의 여러 저서에서 보이는 표현으로 그는 관상에 관하여 한편으로는

상당히 진보적이고 동양적인 영성가들과 유사한 표현을 많이 사용하고 있다. 그러나 그의 글 여러 곳에서, 특히 그의 후기 논문, 예를 들면 '사랑의 빛 견디기', 저서 '영혼의 어둔 밤'과 같은 곳에서는 어린 시절의 교회 생활의 체험을 떠올리면서, 절대 타자 사랑의 하나님의 존재에 대한 신뢰를 언급함으로써 기독교의 관계성에 대한 관점을 결코 잊지 않고 있다.

31. 저자는 여기서 더 나아가 모든 온전한 관상(묵상)과 관상의 순간은 전적으로 수용적인 것(주입된 것, infused)일 뿐, 능동적인 관상(묵상)이란 실상은 존재하지 않는다고 강조하고 싶다.

32. 저자가 이렇게 반복 강조하는 것은 오늘날의 상당수의 영성가들의 저서를 볼 때 바로 이 점에서 심각한 문제를 볼 수 있기 때문이다. 우리가 태어날 때의 본성적인 관상을 잃은 것은 성경의 가르침대로 인간의 타락으로 인한 것이며, 자력으로는 그것을 회복할 가능성이란 전혀 없다고 본다. 현대의 상당수의 영성가들의 주장처럼, 예수의 성육신, 악의 존재와 세상의 종말 등에 대한 부정은 우리의 묵상생활에 심대한 차이를 만들어 낸다는 사실에 경각심을 가져야 할 것 같다. 아울러 묵상수련을 함에 있어서 심리학적 이해와 설명의 도움을 받되, 이에 절대성을 부여하거나, 지나치게 경도되어서 더 큰 차원의 이해와 축복을 외면하는 일이 없도록 깨어 있어야 할 것이다. 제랄

드 메이 또한 바로 이 점을 강조하고 있는데, 묵상기도를 하나의 심리학적 방법론으로 바꾸지 않도록 조심하라는 것이다. 묵상적인 태도를 기르게 되면 기분도 좋아지고 일상생활을 더 성공적으로 영위할 수 있다는 것을 알게 되겠지만, 그러나 그것을 스트레스를 받는 상황에 대처하거나 효율을 증진시키기 위한 수단으로만 이용된다면 우리는 그보다 훨씬 큰 하나님의 선물을 놓치는 결과를 초래할 것이다.

33. 제럴드 메이 지음. "사랑의 각성". 김동규 역, IVP, 2006, p281.
34. 위의 책, p236.

금주의 묵상수련 : 침묵훈련 2. 호흡훈련

1. 준비.

한적한 곳, 에레모스에 자리를 잡고 앉는다. 알람(처음에는 5분, 점차로 늘린다.)을 준비한다. 편안한 자세를 취한다. 제대로 자세를 잡았는가? 목, 허리, 반드시 세우고, 배꼽 밑에 주의를 옮기고, 팔은 편안히 늘어뜨렸는가? 손은 편하게 자리 잡았는가?

2. 호흡에 주의를 집중한다.

심호흡을 2-3회 하고 나서, 천천히 평온한 리듬으로 호흡을 하되, 호흡, 들숨과 날숨에 주의를 집중한다. 공기가 코끝을 통과하여 기도를 지나 폐로 구석구석 퍼짐을 상상하라. 날숨도 반대로 구체적으로 생각하면서, 호흡에 주의를 붙들어 매 놓는다. 몸은 편안한 상태로 이완한다.

3. 바라보고 돌아오라

어느 정도 편안한 상태가 되었다면 호흡에 대한 통제를 내려놓고, 호흡을 하나님께 맡긴다는 생각으로 가능한 한 자연스럽게 호흡을 하면서 그냥 느끼고 호흡을 바라보라. 어느 순간 잠시 딴 생각이나 느낌으로 빠졌음을 의식하였다면 이를 알아차리고, 다시 부드럽게 호흡으로 돌아와 집중하라. 그렇게 반복한다.

4. 성찰

방금 5분 동안 호흡에 집중한 것이 어떻게 진행됐는지 되돌아본다. 잘 집중을 유지했는가? 다른 데로 자주 빠졌는가?

호흡훈련시의 주의 사항

1. 처음부터 길게 하는 것보다 점차로 무리가 없게 시간을 늘려가면서 반복한다. 이 호흡훈련은 상당 기간의 반복연습으로 몸에 배게 되면, 다른 묵상방법을 하기 전, 1-2분 준비 단계로 자리를 잡게 된다. 나아가서는 일상생활에서도 무슨 일을 당하든지, 혹은 하나님께로 임재의식을 가지기 전, 아무 때고 짧은 시간에 마음을 안정되게 가라앉히는 효과적인 방법으로 사용할 수 있게 된다.

2. 예수기도와 같이 혼합하여 사용할 수도 있다. 예를 들면 들숨 때 "주 예수 그리스도여", 그리고 날숨 때 "저에게 자비를 베푸소서"[34]

3. 그러나 호흡 그 자체를 신비하게 만드는 상상을 가르치는 곳이 있지만, 저자는 이를 반대한다. 예를 들면 하나님의

생기를 들이마시고 내쉰다 라든지 하는 것들은 좋지 않다. 성스런 단어들을 사용하는 것도 하나의 주술적 의미가 됨으로 주의한다.

4. 호흡훈련은 마음의 기도의 준비 또는 그 일부가 될 수 있는데, 주 목적은 우리의 의식을 하나님께 두는 것, 즉 하나님을 좀 더 지속해서 바라보는 것이 목적임을 명심해야 한다. 절대 마음의 평안 그 자체가 궁극적인 목적이 아니다. 따라서 호흡훈련을 마치고, 또는 연이은 묵상기도를 마치고 나서, 호흡훈련이 마음을 집중하여, 하나님을 더 잘 바라볼 수 있게 하는데 도움을 주었는가, 아니면 하나님의 존재와는 상관없이 내 마음 속으로 빠져 들었는가를 살펴보아야 한다.

다음주의 묵상수련 : 침묵훈련 3. 마음 비우기

(독자들은 여기서 훈련을 앞으로 진전시키지 말고 익숙해 질 때까지 호흡훈련과 마음 바라보기를 몇 차례 반복해서 훈련을 하는 것을 권한다.)

1. 준비. 전주와 동일한 준비. 알람을 호흡훈련에 15분, 마음 바라보기에 15분 설정한다.

2. 호흡훈련(전반 15분) 전 주와 동일하게, 호흡훈련을 한다.

3. 마음 비우기(후반 15분)

앞서 15분 동안 호흡 훈련을 하는 동안, 이미 호흡에 대한 집중을 놓치고 다른 잡념으로 빠졌던 적이 자주 있었을 것이다. 이번에는 다시 호흡으로 돌아가지 말고, 방금 빠졌던 의식의 내용물이 무엇인지 바라보라. 반복해서 빠졌던 내용물로부터 빠져나와 그 내용물을 흘려보내라. 흘러가는 내용물을 그냥 바라본다. 그것을 바라보는 나의 의식을 의식한다. (15분). 마음이 산란할 때는 그냥 단순한 호흡훈련으로 돌아가도 좋다. 잡념들을 바라보면서 그것들을 부드럽게 열린 마음으로, 한 걸음 물러선 기분으로, 발끝의 먼지를 털 듯 가벼운 마음으로 툭툭 털어버리듯, 의식이 다음 순간으로 흘러가는 것을 바라본다. 과거에는 거기에 매여 분노와 고통과 갈등이 있었을지라도 지금 이 순간에는 마치 매듭을 풀어주듯 보내준다. 이것은 당장 쉽지 않을 테지만 반복 훈련을 해 가노라면 조금씩 가벼워짐을 느낄 수 있을 것이다.

4. 성찰

이 단계가 어려울 수도 있다. 여기서의 핵심은 이 훈련을 재미있게, 즐겁게, 아기가 새로운 세계를 탐색하듯이 순수한 마음으로 하되, 절대로 잘 안 된다고 자책하거나, 초조해하거나, 낙심할 필요가 없다. 누구에게나 이 단계는 쉬운 단계가 아니며, 시간을 두고 상당한 훈련이 필요한 곳이다. 또 하나, 꼭 기억할 것은 절대로 완벽하게 하려고 목표를 높이 두는 것이 아니라, 아주 조금 약간의 느낌만을 받았다면 그것으로 족하다. 이 훈련은 다음 단계, 하나님 바라보기와 그 후의 여러 가지 묵상기도들을 하면서도, 매 시간 준비로 10-15분간 반복하여 할 수 있으며, 어쩌면 죽을 때까지 할 수 있는 훈련이기도 하다.

영성일기

4장

그리스도인의 묵상:
하나님 바라보기

실로 내가 내 영혼으로 고요하고 평온하게 하기를 젖 뗀
아이가 그의 어머니 품에 있음 같게 하였나니 내 영혼이
젖 뗀 아이와 같도다 이스라엘아 지금부터 영원까지 여호
와를 바랄지어다 (시 131:2-3)

여러 영적 전통들, 특히 불교 전통에서는 주의집중, 알아차림과 마음챙김(mindful) 명상 등의 방법을 매우 중요시하여 그 길을 진지하게 추구하는 소수의 사람들은 목숨까지 걸고 평생을 노력한다. 왜냐하면 마음의 평정 그 자체를 궁극적인 목적으로 삼기 때문이다.[1] 그러나 그리스도인들은 전혀 이를 부러워하거나 열등감을 가질 필요가 없고, 오히려 훨씬 자부심을 가져야 한다. 왜냐하면 영적 전통의 길과 그 끝이 서로 전혀 다를 뿐만 아니라, 그리스도인의 멍에는 쉽고 짐은 가볍기 때문이다(마 11:30).[2]

기독교 영성의 핵심은 관계성이다

앞에서 언급한 대로 모든 영성수련의 두 단계는 첫째, 마음의 명료함(청결함)과 둘째, 각 종교 전통 고유의 영적 목표를 심화하는 것이다. 침묵을 중심으로 한 마음의 명료함을 얻는 첫째에 관한 수련은 모든 영성수련의 공통이면서도, 오늘날 기독교 공동체에서는 상대적으로 이를 소홀히 해 온 이유로 해서 새삼 저자는 저 멀리 오래 전 사막 교부들의 예를 끄집어 내서까지 이에 대한 강조를 하였다. 그러나 두 번째 영성수련의 측면은 불교전통과 기독교 전통에서 크게 다르며, 심지어는 정반대의 길로 가는 것이라고 할 수 있다. 아주 간략히 말하자면, 불교전통은 첫 단계 수련의 연장선에서 마음의 명료함을 더욱 심화하여 마음의 궁극적인 "아무 것도 없음", "니르바나(무)", "빈 공간"이 됨을 추구하는 것인데 반하여,[3] 기독교는 이와 정반대로 변치 않는 초월자 또는 절대자와 자신의 존재를 확인하고, 절대자이신 하나님과의 사랑의 연합된 삶을 추구한다. 이 둘째 목표는 불교전통과는 전혀 다른 기독교 영성의 고유한 전통이면서,[4] 그 자체가 마음을 집중하여, 명료화하는데 아주 강력한 힘을 가지고 있다. 따라서 기독교 영성의 전통에서는 첫째 마음의 명료함의 수련은 그 다음을 위한 하나의 준비단계에 불과하기 때문에 이에 궁극적인 가치를 둘 필요가 없으며, 더 나아가 이 과정들은 너무나 감사하게도 우리 자신의 갈망만 있다면 누구에게나 기독교 신앙 안에서 저절로 주어지는 은혜이다.

기독교는 관계성의 종교라고 할 수 있다. 여호와 하나님은 엘로힘(복수형), 삼위일체 간의 사랑으로 가득 찬 교제의 하나님이시다. 사랑의 하나님은 당신들 간의 넘치는 사랑으로 해서 이 세상을 창조하시고, 사람을 만드시되 당신들의 형상과 속성을 닮은 존재를 만드시고, 결국에는 사랑으로 가득 찬 세상을 만드시고, 특히 사람을 당신의 사랑의 완성의 파트너로 삼으신 관계성의 하나님이시다.

사람이 무엇이기에 주께서 그를 생각하시며
인자가 무엇이기에 주께서 그를 돌보시나이까
그를 하나님보다 조금 못 하게 하시고
영화와 존귀로 관을 씌우셨나이다
주의 손으로 만드신 것을 다스리게 하시고
만물을 그의 발 아래 두셨으니

곧 모든 소와 양과 들짐승이며

공중의 새와 바다의 물고기와 바닷길에 다니는 것이니이다

여호와 우리 주여

주의 이름이 온 땅에 어찌 그리 아름다운지요

(시 8:4-9)

기독교의 관계성이란 어떤 형이상학적인 또는 개념적인 진리를 말하는 것이 아니라 실제 살아있는 인격과 인격이 만나는 것을 전제로 한다. 신학자 에밀 브루너는 *"만남으로서의 진리는 어떤 것에 대한 진리가 아니며, 어떤 지적인 것, 즉 사상들에 대한 진리도 아니다. 그것은 진리와 지성에 대한 비인격적 개념을 산산이 부서뜨리는 진리, 즉 나-너라는 형태로만 적절히 표현될 수 있는 진리이다....그러므로 기독교적 진리는 만남으로서의 진리, 곧 하나님이 말씀하시고 인간이 반응함으로써 생겨나는 하나님과 인간 사이의 만남이라는 위기 속에서 발생하는 진리이다.*"라고 말한다.[5]

따라서 그리스도인의 기도는 하나님을 '상상'하거나, '개념화'

하거나, 자신의 머릿속에서, 또는 심지어 가슴 속에서 '그리는' 것이 아니라, 대상이신 하나님과 실제로 만나는 것, 만남의 순간, 만남의 장소에서 그분을 만나는 것을 의미한다. 그리스도인들에게는 하나님은 결코 추상적인, 개념적인 존재가 아니라, 눈을 뜨면 방 안에 책상이 있고, 함께 공부하는 동료가 있듯이, 창 밖에는 나무가 존재하듯이, 아침과 저녁으로 가족들이 식탁에 마주 앉아 있듯이, 그렇게 실재하는 존재이시다. 그래서 기도는 머리로 하나님을 이해하는 것만도, 가슴으로 뜨겁게 느끼는 것만도 아니고, 이 모두를 포함하여 전인격적으로 만나는 것, 우리가 실제로 삶에서 친구를 만나듯, 부부가 함께 생활하듯, 만나는 것을 의미한다. 그것이 현실에서 이루어지지 못하는 듯 여겨지더라도 적어도 그런 상태를 향하여 나아가는 것이다. 그렇게 오감으로 느끼려고 하고, 온몸으로 반응하도록 추구해 나가는 것이다. 영적 성숙은 이런 기도를 전제로 한다.

바로 이 점은 현대 정신분석에서도 강조하는 것과 일치한다. 자기심리학(self-psychology)에서 주장하는 바는,[6] 인간이 성숙하려면, 평생 즉 어린 시절만이 아니라, 성인이 되어서도 계속해서 현실에서 실재하면서 깊은 관계를 맺는 실제 대상과의 지속적인 관계가 있어야 하는데, 그래야 인간의 정신 구조 속에 있는 아직도 미숙한 자기대상(self-object)이 성숙한 변형을 이룬다는 것이다. 영성가 제럴드 메이의 말대로 많은 그리스도인들이 성장하여 하나님과의 실재 관계를 잊고 살지만, 어린 아이는 이를 현실로 여기며 살아가는 것이 그들의 특권이기도 하다는 것이다. 성인이 되어서도 현실에서 좋은 실재 대상관계가 존재해야 인격이 성숙하듯이, 영적으로도 성숙하려면 실재하시는 하나님과의 개인적이고 친밀한 관계가 필요하며, 이는 기도 안에서 이루어지는 관계인 것이다. 그리스도인들은 어린 아이처럼 하나님의 존재를 실재로 믿으며, 기도 가운데서 관계를 이루어나간다. 그런 기도가 바로 그리스도인의 묵상기도이다. 묵상기도에서 우리는 어린 아이가 엄마 품에 안겨 엄마의 눈을 바라보며, 엄마의 품을 느끼듯 하나님을 만나게 되길 그분 또한 기대하신다.

그러나 이런 개인적인 친밀한 만남은 일부 다원적인 현대 영성가들이 말하는 것처럼, 결코 아무 데서나 저절로 이루어진 것은 아니다. 구약시대 사람들에게 하나님은 '만왕의 왕', 이름도 함부로 부르지 못하는 '아도나이', 거룩한 창조주, 저 멀리 무지의 구름 속에 계셔서 직접 뵈면 살 수 없는 어마무시한 하나님이었다. 만남이 가능하게 된 것은 그리스도가 우리에게 오심으로 해서이다. 예수는 그분을 단숨에 "아빠 아버지"라고 부르시고, 우리 또한 그렇게 부르도록 가르치셨다. 이것은 세상이 뒤집힐만한 크나큰 관계의 변화임에도 불구하고 우리는 아직도 충분히 이것을 깨닫지 못 하고 있다. 우리는 하나님의 자녀이며, 예수를 머리로 하는 한 몸인 관계 속으로 이미 들어와 있다. 따라서 기독교의 영성은 이러한 하나님과 사람, 세상, 그리고 우리들의 상호관계성으로 이루어지는 정체성을 깨닫고, 그 가운데서 시작하고, 사랑의 관계성을 완성하여 가는 길임을 깊이 이해할 필요가 있으며, 이러한 영성적 특성이 우리의 기도 가운데서 구현이 되는 것이 그리스도인들의 묵상의 특성이기도 하다. 신학자 에밀 브루너가 말하는 것처럼, 하나님은 그의 사랑이 실현되는 곳, 곧 그리스도의 십자가를 통해서 우리를 만나시며, 우리는 묵상기도 가운데서 바로 그곳에서 그분을 만나 뵙는 것이다.[7] 이 책 '책머리에'에서 언급한 것처럼 기도에 형태적인 특별한 방법이 있는 것은 아니다. 예수를 인격적으로 만나는 것 외에는 다른 방법은 없다. 성령의 이끄심은, 그리고 66권의 거룩한 문서는 모두 한 분 예수를 인격적으로 만나기 위함이다. (요 1:14, 18)

내 아버지께서 모든 것을 내게 주셨으니 아버지 외에는 아들을 아는 자가 없고 아들과 또 아들의 소원대로 계시를 받는 자 외에는 아버지를 아는 자가 없느니라(마 11:27)

하나님께로 마음을 열고, 그분께 다가가 그 품에 안기어 쉼을 얻는 것은 그리스도인으로서는 더할 나위 없는 행복한 영적 여정이 되며, 이것이 묵상기도의 길에서 바라보고 어려움을 이기며 나아가는 '관상'이라는 목표가 된다. 그렇게 해서 그리스도인들의 기도는 이미 언급한 대로 두 측면, 첫째, 마음의 명료함과 둘째, 하나님과의 관계성이 잘 함축되어 있어야 하며, 어느 측면도 무시됨이 없이 균형을 잘 맞추어야 한다. 그리고 결국에는 이 두 측면은 거듭거듭 기도의 깊이 속에서 자연스레 하나로 통합이 된다.

그러나 애석하게도 현대의 많은 영성가들이 동양 종교의 영향을 받아 하나님과의 관계성을 소홀히 한 채 마음의 명료함만을 지나치게 강조하는 경향이 있어 전통적인 기독교 전래의 영성(사막의 교부들과 이베리아 열성파들의 예에서 보듯이)의 조화로움에서 벗어나고 있음을 염려하지 않을 수 없는 것이 현실이다. 반면에 복음주의 신앙권에서는 하나님과의 관계성 자체는 전부터 더할 나위 없이 잘 유지되어 오고 있지만, 상대적으로 마음의 명료함 측면은 아직도 부족한 점이 많아 이에 대한 노력이 더욱 필요하다고 본다. 다행히도 최근 북미와 영국의 일부 신학자들과 영성가들 사이에서 이 두 측면의 균형을 강조하는 경향이 나타나고 있으며,[8] 그들 중 일부는 이를 관상적 복음주의(contemplative evangelism) 또는 복음적 관상(evangelical contemplation)이라고 이름 붙이는 경우도 있다.[9]

어떻게 하나님을 만난다는 것인가?

토마스 그린 신부님은 그의 기도 교과서 "마음을 열어 하나님 께로"[10]에서 묵상기도란 다음과 같은 네 가지 단계, (1) 조용히 한다(침묵), (2) 주님께 마음을 열고 주의를 집중한다(경청), (3) 하나님의 음성을 듣고 분별한다(영적 분별), 그리고 (4) 임재를 누린다(관상)로 이루어진다고 하였다. 우리가 묵상 기도를 한다는 것은 우선 나의 주장이나 요구를 멈추고 조용 히 침묵하는 가운데, 주님의 말씀에 주의를 기울이고, 우리의 내면에 들리는 하나님의 음성을 듣고 분별하며, 결국에는 아 무 의도가 없이 단지 주님의 임재 가운데 그분의 품에서 하나 님을 바라보며 안식을 누리는, 즉 관상의 상태를 누리는 것이 라는 뜻인데, 이 네 단계 속에는 마음의 명료함과 하나님과의 관계성 두 측면이 균형이 있게 포함된다.

성경에서는 하나님을 만난다는 것을 나타내는 가장 흔한 표 현 중의 하나로서 하나님을 '눈으로 본다'라는 표현이 있다.

내 영혼이 하나님 곧 살아계시는 하나님을 갈망하나니 내가
어느 때에 나아가서 하나님의 얼굴을 뵈올까 (시 42:1-2)

하늘에 계신 주여 내가 눈을 들어 주께 향하나이다(시 123:1,
시 141:8, 시 11:4),

나는 의로운 중에 주의 얼굴을 보리니 깰 때에 주의 형상으로
만족하리이다(시 17:15)

우리가 눈을 들어 주를 바라볼 때, 주께서도 우리를 보신다는
표현은(시 4:6) 마치 어린아이가 엄마 품에 안겨 서로 눈을 마
주침으로써 아이는 이 세상에 태어나서 가장 깊은 사랑의 관
계를 맺게 되는 것처럼, 우리 또한 하나님과 마주 보면서 그
분을 만나게 되고, 사랑의 관계를 이루어 가게 된다. 여기서
중요한 사랑의 행위가 바로 이 여호와 하나님을 '바라본다'라
는 것인데,[11] 주님도 이미 "너희가 보는 것을 보는 눈은 복이
있도다"(눅 10:23b)고 하셨을 뿐만 아니라, 주님 자신도 늘
"눈을 들어 우러러 보시며(요 11:41, 요 17:1)" 하늘 아버지와

대화하셨다. 이것이 바로 그리스도인들의 묵상기도인 것이다.

전통적으로 기독교 영성가들은 묵상기도에서 가장 바라는 상태인 '관상', 즉 'contemplatio'에 대하여 여러 가지로 복잡한 해석을 하고 있지만(부록 2. 관상의 용어와 개념 해설), 그 중에서도 가장 중요하게 여기는 의미 또한 바로 이 '본다'라는 뜻이다.

그러므로 그리스도인의 묵상기도는 하나님께 마음을 열고, 그 분을 바라보는 것, 우리를 부르시는 그리스도를 바라보고 그 분의 부르심에 응답하며, 대화를 이어나가는 것이며, 하나님을 바라보는 행위가 기도의 중심이 된다고 할 수 있다.

우리는 지난 2장 침묵 훈련에서, 한동안 하나, 고요함에 머물기, 둘, 마음 바라보기까지만 반복해서 연습하고 더 이상 나아가는 것을 미루었던 것을 기억할 것이다. 그것은 상당 기간 우리의 마음 속에 올라오는 온갖 생각들을 그냥 알아차리고, 바라보고, 흘려보내기만 하는 연습이 필요했기 때문인데,

그 이유는 하나님을 올바로 바라보기 위하여, 그 분의 바라보심에 제대로 눈을 맞추기 위한 것이었다. 그렇게 서둘러 다음 단계인 셋으로 넘어가지 않고 이제까지 침묵을 통하여, 어느 정도[12] 마음이 고요해지는 데에 익숙해졌다면, 이제 다음 단계로 나아갈 시기가 왔다. 다음 단계는 부드럽게 하나님을 바라보기이다.

이제까지 '나'의 내면, '나'의 마음 속을 직면하여 어느 정도 바라보았다면, 지금부터는 '나'로부터 시선을 돌려, 즉 "눈을 들어 하늘을 우러러(요 17:1)" '하나님'을 바라본다. 이것이 그리스도인의 묵상기도의 핵심이다. '마치 품에 안긴 어린 아이가 엄마를 바라보듯', 하나님을 사랑하는 눈으로 바라본다는 것은 기독교의 독특하고 자랑스러운 영성수련법이다. 여기에는 그 자체가 집중훈련과 마음챙김도 포함되지만, 보다 핵심은 하나님을 아버지라고 부르는 것이 허락되었으며, 우리를 부르시는 하나님의 부르심에 응답함으로써 점차로 그 분의 손에 이끌리어 함께 춤을 추듯 만들어가는 아름다운 사랑의 여정이 펼쳐지기 때문이다. 여기서 주의할 것은 우리는 마음 속으로 상상 속에서 하나님과 관계하는 것이 아니라, '나' 밖에 따로 존재하시는 실재의 '하나님' (여기서 '나 밖에'는 하나님의 영이 거주하시는 내 마음 속의 공간을 의미할 수도 있는데)과 구체적으로 대화를 하며 교제를 해 나가는 인격적인 관계로 가는 것이다[13]. 무엇보다도 우리의 인도자 예수 그리스도 자신이 이 땅에서 사는 동안, 늘 기도 가운데서 하나님을 바라보면서 살았음을 우리가 알고 있으며, 그분이 우리에게 가르쳐 주신 단 하나의 기도문에서도 그 첫 마디가 "아버지!"라고 부르는 것으로 시작한다. 예수는 이 세상에 계실 때 하나님 아버지, 그 분과 쉴 새 없는 대화를 나누셨으며, 우리에게도 그렇게 하기를 권하셨다.

그리고 이것을 가능하게 하는 그 중심에는 물론 예수 그리스도가 있다는 사실이다. 우리가 하나님을 바라보기 전에 그리스도 예수의 영이 우리를 먼저 바라보고 우리를 깨어나게 하시고, 우리가 그 분을 향하여 고개를 들어 바라보게 하신다는 사실을 깨닫는 것처럼 중요한 것은 없다. 이 점이 바로 사막으로 나아간 교부들, 교모들이 목숨을 걸고 치열하게 추구한 바이며, 그런 면에서 그들의 기도의 중심에는 하나님을 만나고자 하는 마음이 마음을 비우는 침묵의 수련보다 더 중심에 있었고, 침묵 자체도 이를 위한 하나의 준비에 불과했다고 말할 수도 있다. 마찬가지로 16세기 스페인의 관상가들, 아빌라의 데레사나 십자가의 요한도 그들의 묵상기도가 마음의 명료함에만 머무는 것이 아니라 궁극적으로 하나님과의 깊은 관계 안으로 들어감을 추구했다는 것은 여러 문헌을 통하여 볼 수 있는 분명한 사실이다. 대표적인 예로 아빌라의 데레사는 '완덕의 길'에서 "기도가 안 될 때는 그리스도를 바라보라."고 강조한 바 있으며,[14] 노리치의 줄리안(Julian of Norwich)[15]은 친구에게서 자신을 위해 어떻게 기도하느냐는 질문을 받고 "하나님을 바라보고 난 후에 널 바라봐. 그리고 계속 하나님을 바라보고 있어."라고 대답하였다고 한다. 시편의 시인 또한 "내 평생에 바라는 것 한 가지, 여호와의 아름다움을 바라보는 것"(시 27:4)이라고 아름답게 표현하고 있다.[16]

하나님 바라보기와 반복해서 되돌아가기

그러면, 하나님을 바라본다는 것을 구체적으로 어떻게 실천을 할 수 있을까? 첫째로, 하나님을 바라본다는 것은 이미 설명한 것처럼, 침묵 가운데서 어린 아이처럼 실제로 눈앞에, 혹은 내 안에 계심을 믿으며, 부드러운 사랑과 흠모의 눈길로, 온 몸으로 느끼면서, 감사하면서, 마치 품에 안긴 어린 아이가 엄마를 바라보듯, 주님의 품에 안긴 마음으로, 주님이 나를 감싸 안으심을 믿음으로, 나의 주의를 하나님께로 향하는 것이다. 반복해서 강조하지만, 눈으로 하나님을 바라본다는 것은 그 말 그대로, (눈을 감은 상태이건 뜬 상태이건 관계없이) 눈으로, 온 몸으로, 온 마음으로, 주의를 기울여 본다는 뜻이며, 이것은 결코 나의 정신세계 안으로 들어가 머리로 어떤 존재를 상상하거나, 이미지를 그리거나, 개념적으로 생각하는 것과는 전혀 다르다.[17]

둘째, 그런데 하나님께로 눈을 돌리려 하지만 우리는 종종 현실의 온갖 복잡한 에워싸임 속에서 하나님을 바라보는 의식을 놓치며, 이를 벗어난 순간 다시 자신에게 매몰되기를 수없이 반복해서 되풀이하곤 한다. 그러나 부족한 대로 그 때마다

눈을 들어 다시 다음 순간 하나님을 바라볼 수 있다면 그것
으로도 충분하다. 우리가 지속적으로 우리의 의식을 하나님
께 두고 계속 바라보려고 하는 의지(willingness)에도 불구하
고 우리의 마음은 전혀 그렇지를 못 하고 반복해서 흐트러지
고 만다. 그럼에도 불구하고 하나님만을 바라보기를 원한다
는 의지(willingness), 그 자체로 충분하며, 하나님께서는 그
것만으로도 어여삐 봐주시고 받아주시는 인자하신 분이다.
그렇게 시간이 흐름에 따라 우리는 부족한 자신을 자책하지
않고 하나님 안에서 부드럽게 나를 바라보게 되고, 그런 나를
하나님께 의탁하여 그분의 활동 안에서 쉬게 될 때, 하나님께
서는 언젠가 자신을 더욱 뚜렷이 나타내 보이실 것이다. 여기
서 주님께서 스스로를 우리에게 드러내기까지 믿음으로 기다
려야 하므로 이 기다리는 시간은 매우 능동적인 믿음의 의지
를 필요로 한다. 그리고 이것은 하나님을 향한 뜨거운 갈망을
안고 하나님께로부터 우리에게 주입될(infused) 은혜를 기다
리는 겸손함으로만 견디어낼 수 있을 것이다.

따라서 우리는 자신의 정신이 산만한 데(저자의 경우는 더욱

심하여 영적 ADHD라고 할 만하다.) 대하여 부드럽고 관대하게 대할 수 있어야 한다. 자신의 노력만으로 집중할 수 있다는 생각으로 스스로를 몰아붙이면 더 많은 소란과 혼란만을 만들어 낼 뿐이다. 기도에 집중하다가도 다른 생각이나 이미지에 주의를 빼앗겼던 것을 발견하면, 자책하지 말고 하나님이 우리를 다시 받아주시는 것처럼 우리도 자신의 생각을 부드럽게 바라보고, 다시 하나님께로 주의를 돌리면 된다. 여기서 우리는 아주 중요한 그리스인의 묵상기도의 또 다른 핵심을 깨닫게 된다. 즉 인간의 의식은 쉼 없이 지속해서 하나님을 바라볼 수 없기 때문에, 그리스도인의 묵상기도는 그 대신 수시로 하나님께로 돌아서는 것이 필요하고도 가능하다는 점이다. 이것이 바로 현대의 탁월한 기독교 영성가 토마스 켈리가 그의 책 '거룩한 순종'에서 언급한 '지속해서 새롭게 즉각적으로 돌아가기(continually renewed immediacy)'의 개념이다[18]. 이제 그리스도인의 묵상은 매 순간 반복해서 하나님께로 돌아가는 것으로 이루어진다.

셋째, 그리스도인의 묵상의 또 하나의 특성은, 이렇게 우리의 의식이 반복해서 되돌아갈 때, 그 되돌아가는 곳이 기독교 전통과 불교 전통에서 전혀 다르다는 점이다. 여러 잡다한 생각들과 감정을 경험하는 나로부터 벗어나 의식을 원래의 집중하려던 곳으로 되돌릴 때, 다른 영성전통에서는 그 되돌아가는 곳이 어떤 정해진 단어나,[19] 개념, 호흡, 이미지, 등 우리가 만들어 낸 어떤 정신적인 표상이며, 혹은 이도 저도 아닌, 아무 것도 아닌 무(nirvana)일 수도 있다. 그러나 그리스도인은 다르다. 우리가 변함없이 되돌아가는 곳은 다름 아닌 **살아 계신 하나님이라는** 인격적 존재인 것이다. 그 관계 안으로다시 되돌아가는 것이다. 하나님이 주신 은혜도 아니며, 하나님이 주신 어떤 선물도 아니며, 아름다운 음률이나 지혜도 아니다. 다른 어떤 것도 아닌 바로 하나님 그분 자신이다. 우리는 반복해서 그분께로 돌아간다. 여기서 돌아가는 대상이 인격적인 상대냐 아니냐는 결국에는 엄청난 차이를 낳게 되며, 심지어는 정반대의 길로 가는 것이 될 수도 있다. 집중명상이나 마음챙김 명상에서처럼 인격적이 아닌 대상이나 공간으로돌아간다는 것은 마음의 평정을 얻기 위한 뇌의 조작(brain manipulation)이라고 할 수 있지만, 살아계신 하나님과의 인격적인 사랑의 관계 안으로 되돌아간다는 뜻은, 이제는 더 이상 기도가 우리 자신만의, 혼자만의 정신활동이 아니라는 뜻이며, 나 혼자 나의 뇌를 조작(manipulation)하는 상태가 아니라는 것이며, 하나님의 인도하심을 따라, 그 은혜에 기도의 과정을 의지하며, 하나님과 연합하여 함께 사랑의 관계를 이루어 간다는 뜻이다.

이제 우리 그리스도인들은 감사하게도 단지 쉬운 3가지만 기억하면 된다.

1) 눈을 들어 하나님을 바라본다.

2) 시선이 흐트러질 때마다, 반복해서 돌아가기만 하면 된다. 토마스 켈리의 '지속해서 새롭게 즉각적으로 돌아가기(continually-renewed immediacy)'. 즉 잡념이 들었다고 깨닫는 순간 의식을 다시 하나님께로 돌려 하나님을 바라본다. 어찌 됐건 제대로 되지 않는다. 그래도 기꺼이 받아주시는 주님이 있으니, 다시 감사한 마음으로 부드럽게 돌아가라. 우리

의 '하고자 하는 의도(willingness)'를 기뻐 받으신다.

3) 우리가 반복해서 돌아가는 곳은 인격적인 하나님의 품이다. 모든 기도를 이끌어 가시는 분은 주님이시지, 내가 아니다. 나의 주도성을 내려놓고 주님께 맡기는 심정으로 따라간다. 잘되든 못 되든 주님께 달려 있다.

그러나 사실 하나님 바라보기는 침묵의 다음에 오는 그 무엇이 아니라, 처음부터 있어야 하는 그리스도인의 기본자세며, 마음의 명료함과 하나님께로 돌아가기, 이 양자는 우리들의 기도 가운데서 처음부터 서로 함께 어우러져 있어야 함을 지적하지 않을 수 없다.[20] 그렇다고 본다면, 침묵은 세상에 매몰되어 있던 나의 눈(즉 의식)을 들어 반복해서 하나님을 바라보는 것으로 새롭게 정의할 수 있으며, 침묵 가운데서 내 영혼이 하나님을 바라보는 것이 우리의 묵상기도임을 알 수 있다.

이상과 같은 기독교의 전통과 신앙에 가장 잘 어울리는 묵상기도의 실제적인 방법들로 이 책에서 특별히 주안점을 두고 소개하려는 방법은 로렌스 형제의 '하나님 임재연습', 주기도문을 사용한 단순한 기도, 그리고 거룩한 독서(렉시오 디비나)와 의식성찰인데, 이 장에서는 그 중 가장 쉽게 기본이 되는 '주기도문으로 하는 묵상기도'를 먼저 소개하고, 나머지는 각각 다른 장에서 보다 상세히 순차적으로 소개하려고 한다. 그러나 사실은 우리가 하는 모든 형태의 기도 속에서도 '침묵'과 '하나님 바라보기'는 늘 균형을 맞추면서 함께 있어야 할 요소라는 점을 늘 기억해야 한다.

반복해서 말하자면, 그리스도인의 묵상기도에는 두 요소가 있는데, 첫째는, 나의 마음을 바라보고, 의식과 생각을 구분하여, 마음을 가라앉히는 것 또는 마음을 비우는 것. 둘째는, 세상에 매몰되어 있던 마음(의식)을 잠시나마 주님께로 향하고, 하나님을 바라보고, 성령님의 음성을 듣고, 따르는 것, 성령님과 교제하는 것이라고 할 수 있다. 이렇게 마음의 청결함을 이루고, 하나님을 바라보기의 두 요소는 고대 기독교 영성의 원류인 사막의 교부들로부터 면면히 흘러내려 오는 기독교의 영적 전통이며, 그러나 오늘날에는 심각하지만 교묘하게 도전을 받고 있는 전통이기도 하다. 이 중에서 보다 궁극적인 기도의 요소라고 할 수 있는 '하나님과의 관계성'은 우리의 알량한 노력에 더하여, 너무나 감사하게도 전적으로 위로부터 은혜로 주어지는 것이지만, 다만 기도 가운데서 이를 인식하고 잘 깨닫고 감사와 찬양으로 반응하는 것은 우리의 몫이므로, 약간의 노력도 필요하다. 반면에 기도의 다른 한 요소인 '마음의 청결함'은 기도와 함께 우리의 삶 가운데서 치열하게 노력을 할 필요가 있으며, 특히 복음주의권에 있는 그리스도인들에게는 각별한 관심이 필요한 부분이다. 그러나 기도의 두 요소는 항상 함께 있어야 하며, 균형을 맞추어야 함은 당연하며, 어느 한 쪽에만 치우치는 경우 그리스도인의 묵상기도로서의 모습을 잃게 될 염려가 있다. 앞으로 이 책에서 주장하는 내용은 이 두 요소를 잘 조화있게 이룰 수 있는 가장 바람직한 형태로서의 기도를 묵상기도 안에서 찾고자 하는 시도이다. 따라서 그리스도인의 묵상기도란 너무나도 당연한 하나님과의 관계성 안에서 처음부터 끝까지 이루어지되, 특별히 마음의 청결함을 추구하기 위해서는 임재하시고 인도하시는 예수의 영과 함께 침묵 가운데서 자신의 내면을 성찰하면서 자아의 주도권을 내려놓고 하나님과 함께 하려는 몸짓으로 이해될 수 있다. 이를 위하여는 아빌레의 데레사가 "완덕의 길"에서 말한 것처럼, 세상에 대한 집착을 내려놓음(탈집착, detachment), 겸손함(humility)과 하나님에 대한 열정(love)이 꼭 필요하며, 그 결과가 하나님과 이웃사랑으로 표출되어야만 한다.[21]

의식심리학과 뇌과학적 이해

최근 들어 인간의 정신활동과 연관된 뇌과학의 발견들이 쏟아져 나오고 있는데, 그 중에서 우리의 시선을 끄는 점은 명상과 같은 종교적 수행이 우리의 뇌에서 어떻게 작용하고 어떤 결과를 초래하는가에 대한 연구 결과들이다.[22] 아직 확실한 결론을 내리기에는 객관적인 데이터가 부족하기는 하지만, 일부 실험 결과들을 살펴볼 때, 앞에서 설명한 그리스도인의 묵상기도에서 가장 중요한 요소인 하나님 바라보기, 즉 하나님과의 관계성을 과학적으로 이해하고, 나아가서 그리스도인의 진정한 관계적 묵상기도가 어떻게 불교전통의 내적 성찰적인 명상과 다른지를 설명하는데 중요한 단서를 제공해 주고 있는 것 같아 보인다.[23]

최근의 뇌과학의 연구들 중에는 MRI나 SPECT 같은 뇌의 최신의학적 진단검사 방법[24]을 사용하여, 명상이나 묵상기도와 같은 영성수련을 하는 동안 이러한 인간의 종교적 활동들이 우리 뇌의 어느 부위의 활성화와 관련이 있는지를 밝히고자 하는 연구들이 활발히 진행되고 있다. 이제까지는 대부분의 연구들이 불교전통의 명상을 하는 수련자들을 대상으로 한 연구들이었는데, 그것들은 불교전통의 명상법에서 가르치듯, 자신의 정신세계의 내면으로 들어가 외부로부터의 감각의 입력을 차단한 채 어떤 단어나 문장, 이미지나 개념에 집중하거나, 혹은 이러한 의식의 작용을 의식하는 알아차림을 수행하는 것으로 외부 대상과의 관계가 없는 내면성찰적인 성격의 수행상태라고 할 수 있다. 이러한 불교전통의 명상을 오래 수련한 수행자들을 대상으로 한 연구 결과에서는, 내면성찰 시의 뇌는[25] '비활동형 연결망(Default Mode Network; DMN)'

이라는 부위[26]의 활성화에 변화가 생긴다는 연구 결과가 많다. 이 DMN이란 부위는 분열된 뇌의 여러 지각들을 통합하여, 자기감, 마음의 안정감이나 영적인 황홀감, 스트레스에 대한 면역력의 증진 등과 관련된 부위라는 것이 밝혀지고 있다. 일부 가톨릭 수도회의 수사들을 대상으로 한 연구에서도 동일하게 이 부위의 활성화에 영향을 미친다는 보고가 있었으며, 이를 토대로 일부 연구자들은 기독교 묵상이나 불교 명상이나 그 효과에 있어서 동일하다고 주장하고 있으나, 확실치는 않지만, 저자의 생각으로는 이때의 묵상 역시 주로 마음챙김 명상과 유사한 마음의 명료함 이루기를 위주로 한 묵상일 가능성이 있기 때문일 것으로 본다.

그러나 이미 반복해서 설명한 바와 같이 그리스도인의 묵상은 이러한 마음의 명료함 수련에 더하여 전혀 다른 성격의 의식상태가 되는 하나님과의 관계성에 대한 수련, 즉 **하나님 바라보기의 단계**가 있다. 이 **하나님 바라보기**에서의 **마음상태**는 불교 명상적인 **내면성찰 성격의 수련을 할 때의 마음상태**와는 다르며, 심지어는 설령 기독교인이 마음 속으로 하나님의 이미지를 그린다고 하더라도, 그것 역시 마음 속으로 상상하거나 이미지를 그린다는 차원에서는 알아차림과 같은 내면 성찰 성격의 수행이기 때문에, 이 역시 하나님 바라보기의 마음상태와는 전혀 다르다고 할 수 있다. 즉 기독교의 묵상은 관계에 의식을 열어둔다는 면에서 전혀 다르다고 할 수 있는데, '나'라고 하는 물리적인 존재 밖에 다른 실체가 실제로 존재함을 의식하면서 거기에 온 감각과 마음을 열고 집중하면서 관계를 맺는 상태를 말하며, 이런 심리상태는 애착이론에서 강조하고 있듯이, 마치 안정애착 상태에 있는 **아기가 엄마 품에 안겨서 엄마의 눈을 바라보며**, 편안하고 안정적이며 이완된 상태이면서도, 엄마의 눈길과 표정에 집중하여 함께 조율하듯 (자신의 내부로 침잠하지 않고), 온 몸으로 지각하고 (percept) 반응하는(response) 정신 또는 **의식상태**를 말한다. 이것은 매우 특별하고도 가장 효과적으로 대인관계의 통합을 통하여 신경통합을 발달시키는 마음상태라고 보아서 이를 세계적인 뇌과학자 대니얼 시겔은 '애착 관련 마음상태 (states of mind with respect to attachment)'라고 불렀으며, 이를 자신의 내면으로 들어가 스스로의 의식의 흐름을 바라보는 불교전통의 내면 성찰적 명상에서의 마음상태(또는 의식상태)인 '마음챙김 관련 마음상태(states of mind with mindfulness)'라고 부른 것과 확실히 구별하였다.[27]

실로 내가 내 영혼으로 고요하고 평온하게 하기를 젖 뗀 아이가 그의 어머니 품에 있음 같게 하였나니 내 영혼이 젖 뗀 아이와 같도다 이스라엘아 지금부터 영원까지 여호와를 바랄지어다(시 131:2-3)

그리스도인의 묵상기도 시의 의식상태(또는 마음상태)는 이러한 어린 아기의 비언어적인 애착 관계의 몸짓들에 더하여, 하나님과의 대화, 즉 하나님께 아뢰고, 묻고, 듣고, 답하는 관계적인 정신상태로 발전한다.[28] 여기서 중요한 요점은 나의 의식, 주의(attention)가 나라는 존재 밖의 타자, 하나님을 향하여, 그 분과 실재로 마주 앉아 있다는 것을 온 몸으로 의식하면서 있다는 점이다. 이것은 외부로부터의 자극이 없이 내 마음 속의 상상이나 이미지를 떠올리고 있거나, 외부로부터의 입력을 차단한 채 자신의 내면에 침잠해 있는 불교적 수행자의 뇌와는 그 활성화되는 부위가 다르다는 것인데, 이 경우 활성화되는 부위를 뇌과학자들은 애착이론과 밀접히 관련이 되어 있는 뇌의 '사회적 연결망(social network)', 또는 '사회 적 뇌(social brain)'라고 불렀다.[29] 즉 나의 주의(attention)가 외부로부터의 감각유입을 차단한 채 나의 내면의 빈 공간을 향하여 바라보고 있으면서 쉼, 이완이 이루어지는 불교 전통 의 내면 성찰적인 수행을 할 때의 의식상태는 주로 'DMN'이 라는 뇌의 내측(medial) 구조와 관련이 있다면, 그리스도인 의 묵상 시, 나 밖의 타자를 향하여 바라보고 연결을 시도하 는 관계적 영성 활동을 할 때의 의식상태는 '거울뉴런과 사회 적 연결망(mirror neuron and social network)', 특히 뇌의 바깥 측(lateral)인 '두정엽-측두엽 경계부(parieto-temporal junction; PTJ)' 부위가 특히 활성화된다고 추정된다. 결국 이 연구 결과들을 종합하여 추론해 보면, 마음의 청결함의 수행 은 기독교나 불교 모두에서 공통적이므로 'DMN' 부위의 활 성화에 변화를 초래하는 결과를 양자 모두에서 공통적으로 발견할 수 있으나, 후자인 '거울뉴런과 사회적 연결망' 부위의 활성화는 그것이 관계성의 표현인 만큼 그리스도인의 묵상에서만 독특하게 나타나는 현상이라고 추정해 볼 수 있다. 앞으로 이에 대한 비교연구가 더욱 활발히 진행된다면 이렇게 뇌과학적인 데이터를 살펴볼 때 동양적 명상과 기독교적 묵상은 근본적인 차이가 있음을 더욱 잘 이해할 수 있게 될 것으로 기대가 된다.

이런 연구 결과와 더불어 또 한 가지 심각하게 지적하고 넘어가야 할 문제가 있는데, 최신 뇌과학의 발견 중 가장 획기적인 사실의 하나는 우리의 뇌는 어린 시절 뿐만 아니라 평생에 걸쳐 변화가 이루어지는데, 특히 우리가 어떤 특정 행동이나 사고의 습관을 지속하면 그것이 뇌의 해당 특정 부위에 변화를 초래한다는 사실이며, 뇌과학자들은 이를 뇌의 '신경가소성(neuroplasticity)'이라고 불렀다.[30] 그 변화란 특정 행동을 하면 이에 해당하는 부위들, 단일 뇌세포가 아니라 뇌의 특정 회로를 형성하는 특정 연결망들이 한꺼번에 증식되며, 특정 행동을 하지 않을 때는 사용되지 않는 그 특정 부위들이 위축 내지는 심한 경우 집단적으로 소멸된다는 것이다.[31] 이런 변화는 단 기간이 아닌 오랜 기간의 활동에 의하여 오는데, 일단 특정한 형태로 형성이 되면 그 결과는 매우 오랜 기간 지속적으로 고정이 되기 때문에 그 후에는 다르게 변화되기가 훨씬 어려워진다는 주장이다. 만약 이런 주장들이 사실이라면, 내면 성찰을 위주로 하는 불교적 전통의 명상과 기독교 전통의 관계적 묵상이 가져오는 뇌에서의 각기 다른, 실제적이고도 고정적인 변화를 예측할 수 있으며, 해를 거듭하여 어느 한 종류의 묵상 또는 명상을 한다면 두 경우에서 그 차이는 우리가 생각하는 것을 넘어서는 훨씬 더 심각한 차이를 초래한다는 사실이다. 어느 한 종교적 전통의 활동에 오랜 기간 몰두했을 때, 타 종교로의 전환이 그만큼 어려워진다는 사실과, 기독교의 묵상과 불교적 전통의 명상은 날이 갈수록 더욱 반대적인 현상으로 벌어질 수 밖에 없다는 사실에 직면한다. 이것이 바로 이 책에서 강조하고 있는 바, 기독교 고유의 관계적인 영성의 전통과 이에 합당한 묵상기도의 올바른 형태를 조속히 구분하여, 실천하는 것이 얼마나 중요한 것인가를 새삼 깨닫게 한다.

길이 다르다

오늘날 서구사회를 뒤덮고 있는 혼란은 마음챙김으로 대표되는 불교명상과 그리스도인의 묵상을 혼동하는 데 있다. 불교 명상과 그리스도인이 하는 묵상은 전혀 다르다. 두 영성 전통의 수련이 특히 처음에는 침묵과 마음의 명료함의 수련에 있어서 서로 유사한 듯 보이지만, 그 끝은 전혀 다르다. 불교전통의 명상은 외부로부터의 자극을 차단하고 자신의 내면 깊숙이 들어가는 자기 폐쇄적 수련인 반면에, 기독교 전통의 묵상은 반대로 외부로부터의 오감에 의식을 열어놓고 마음의 눈으로 나 밖의 대상인 하나님을 바라보는 관계적인 수련이다. 불교 명상을 의식의 흐름을 바라보는 '깨어남의 명상'이라고 한다면, 그리스도인이 하는 묵상은 어린 아이가 엄마 품에 안겨 엄마를 온 몸으로 바라보는 '안정애착의 묵상'이라고 할 수 있다. 최신 뇌과학의 발견들은 이 차이를 뚜렷하게 보여주기 시작한다. 불교 명상에서는 비활동형 연결망(DMN)을 중심으로 한 뇌의 내측의 활성화와 관련이 있는 반면, 그리스도인의 묵상에서는 거울뉴런과 두정엽-측두엽 경계부위(PTJ)

등이 추가되는 뇌의 외측, 사회적 뇌(social brain)의 활성화와 관련이 있다. 이렇게 각기 다른 전통의 영성수련을 오랜 기간 지속하면 뇌의 가소성(neuroplasticity) 이론에 따라 양자에서는 서로 전혀 다른 뇌의 연결망이 형성된다. 따라서 불교명상을 하는 사람과 그리스도인의 묵상을 하는 사람은 그 생각하는 바도 다르고, 가는 길도 다르게 된다.

단순한 묵상기도로서의 주기도문

이번 장에서 지금까지 설명한 그리스도인의 묵상기도의 핵심을 실제 삶의 현장에서 가장 잘 쉽게 구현할 수 있는 기도 형태로는 주님이 가르쳐 주신 주기도문을 사용하는 것이라고 보기에, 여기서 이에 대한 방법을 구체적으로 제시하려고 한다.

주기도문의 문장들 안에서 우리는 예수의 가르침의 가장 원초적인 근본 핵심을 분별할 수 있다. 미움에 우선하는 사랑을, 복수에 우선하는 용서를, 그리고 그 무엇보다도 우리의 뜻을 하나님의 뜻에 한데 합할 필요를 안다(하늘에서와 같이 땅에서도 이루어지이다). 주기도문은 하나님을 향한 우리의 친밀함, 나아가 가족의 관계를 확립한다(우리 아버지). 하나님의 거룩하심을 선포하며(이름이 거룩히 여김을 받으시오며), 하나님께 청원하고(일용할 양식을 주시고), 다른 사람을 용서하는 것과 같이 우리의 모든 죄를 용서해 주시기를 하나님께 겸손히 구함으로써 모든 실제의 관계에서 필수적인 상호주의를 확인한다. 이에 더하여 주기도문은 그 내용의 완벽함과 함께 우리들이 암송하기 아주 적당한 길이의 형태를 가지고 있음으로 해서, 일찍부터 묵상기도로서도 영성가들의 주목을 받아왔는데, 아빌라의 데레사는 그의 책에서 주기도문에 대한 아름다운 해석을 덧붙였으며,[32] 마틴 루터는 정신없이 형식적으로 주문처럼 외워대는 짧은 기도문들보다는 주기도문을 묵상기도로 사용할 것을 제안한 바 있다.[33] 그것은 예수기도와 같이 단순한 문장이나 단어를 읊조리는 것이 마음의 안정에만 집중하는 만트라와 같은 주문의 성격을 띠고, 경우에 따라서는 하나님과의 관계성을 오히려 막아버리는 효과가 될 수도 있기 때문일 것이다. 루터는 기도할 때 마음을 집중하는 것이 매우 중요하다는 점을 강조하면서 그를 위해서는 주기도문이 너무나 좋다는 것을 모든 그리스도인들이 알아줄 것을 바랐다. 그는 사랑하는 벗 페테에게 보낸 편지에서 다음과 같이 썼다.

좋은 기도가 되기 위해서는 한 가지에 집중하는 마음이 얼마나 필요한지 알 수 있을 걸세! 이게 바로 내가 기도할 때마다 주님의 기도, 사도신경을 사용하는 방식이라네. 오늘까지 나는 주님의 기도를 마치 아기가 젖을 찾듯이 찾았고, 어른처럼 먹고 마셨지만 질려 본 적이 없다네. 정말 뛰어난 기도이고 시편보다 훌륭하다네. 나는 이 기도를 아주 소중하게 생각한다네. 살아계신 주님이 직접 가르쳐 주신 게 분명하기 때문일세. 대단한 주님의 기도가 우리 믿는 사람들에게 제대로 대접을 못 받으니 정말 안타까울 따름일세!... 누구든지 주님의 기도를 제대로 사용해서 기도한다면 위안과 기쁨이 삶 속에서 넘칠 것일세.[34]

정신과 의사이자 영성지도자인 제랄드 메이도 다음과 같이 말한다.[35]

나는 여러분이 조용히 일정한 간격으로 반복해서 주기도문(특히 전반부)을 읊조리기를 바란다. 예수기도와는 다르다. 주기도문은 그 길이와 복잡성 때문에 예수기도의 만트라 같은 성격이 없다. 다른 주의집중을 요한다. 좀 더 유연하며, 변하는 내용에 더 각성하고 있어야 한다. 각 단어를 잘 듣는지를 확인하며 각 소절, 각 문장에 가능한 한 머물고, 이 기도의 흐르는 리듬감과 장엄한 아름다움에 잠기기를 바란다. 그리고 그 끝에 '주님을 바라보고 그 안에서 쉰다'와 성찰을 잊지 말 것을 당부한다.

그 밖에도 많은 영성가들이 주기도문을 가지고 묵상을 하여 왔는데, 우리의 풍부한 영적 지혜의 샘을 자극하는 데 손색이 없다. 다음은 정현구 목사가[36] 마 6:9-13의 주기도문을 주제로 서술한 '주기도문과 21세기 영성'에서 발췌한 내용들로, 저자가 이로부터 묵상기도문으로 요약해 본 것이다.

하늘에 계신 우리 아버지여

예수께서 당신을 우리 아버지라고 부르셨듯이

우리도 당신을 아버지로 부를 수 있게 된 것을 감사드리나이다

우리가 당신을 향하여 "아버지여!"하고 부를 때

우리는 '아들아! 딸아!' 하며 메아리처럼 되돌아오는

당신의 음성을 듣습니다.

우리가 기도의 말문을 열기 전에

먼저 우리를 자녀로 부르신 당신의 음성을 듣게 하소서.

우리가 당신을 향하여 아버지라고 부를 때마다

우리를 자녀로 부르시는 당신의 사랑을 깨닫게 하시고,

그 사랑 안에 있는 참된 나를 깨닫게 하소서.

당신을 향하여 우리 아버지라고 부를 때마다

우리가 당신 안에서 하나인 것을 알게 하소서.

여호와 샬롬,

평강의 하나님,

여호와 라파,

치료의 하나님,

저희에게는 아버지란 이름으로 사랑을 주셨으니

이름이 거룩히 여김을 받으시오며

이미 씨앗으로 이 땅에 심겨진

당신의 나라,

바로 이곳, 우리의 마음속에

나라이 임하옵시며

당신께서 나와 이웃과 온 세상을 다스리시옵소서.

아들을 보고 믿는 자마다 영생을 얻고

구원받은 자녀들이 이 땅에서 거룩하고 풍성하게 사는

당신의

뜻이 하늘에서 이룬 것 같이 땅에서도 이루어지이다.

모든 물질은 당신께로부터 오며

우리의 생명은 전적으로 당신께 의존되어 있음을 고백하오니

오늘날 우리에게 일용할 양식을 주옵시고

우리가 물질의 종이 되지 않고

오늘의 생계를 넘어서 당신의 나라에 뜻을 두는 우리가 되게

하소서.

우리가 우리에게 죄지은 자를 사하여 준 것 같이

우리의 죄를 사하여 주옵시고

당신이 우리를 먼저 용서하심이 얼마나 큰지를 깨닫게 하소

서.

고난이 없는 인생은 없사오나

우리를 시험에 들게 하지 마옵시고

무슨 일을 만나든지 주님을 붙들게 하옵소서.

세상은 악하오나

진리로 우리를 거룩하게 하옵시고

다만 악에서 구하옵소서

아버지 되시며 왕 되신 당신께 두 손을 모으며 고백하오니,

나라와 권세와 영광이 아버지께 영원히 있사옵니다.

아멘.

위와 같은 기도문을 바탕으로 묵상기도를 할 수 있는데, 즉 매일 아침 위의 전체 기도문을 한 번 읽은 다음, 본문을 반복해서 읊조리는 식이었다. 특히 주기도문의 앞 반절은 매일의 묵상을 실천하기에 아주 적당한 길이와 함께 우리의 신앙을 고백하는 기초가 되는 아주 중요한 원리들이 갖추어져 있기에 이 책에서는 주기도문의 앞 부분만을 이용하여 단순한 기도로서 훈련할 것을 제안한다. 주님이 가르쳐 주신 기도는 이렇게 시작한다.

(하늘에 계신 우리) 아버지여
이름이 거룩히 여김을 받으시오며
나라가 임하오시며
뜻이 하늘에서 이루어진 것 같이
땅에서도 이루어지이다

이 구절은 다시 두 부분으로 나누어 생각해 볼 수 있다.

(하늘에 계신 우리)아버지여. 이름이 거룩히 여김을 받으소서.
하는 부분과

나라가 임하오시되, 뜻이 하늘에서 이루어진 것 같이 땅에서
도 이루어지이다.
라는 고백이다.

앞 부분은 우리가 누구인 것과(정체성), 하나님과 우리의 관
계가 어떤 것인지를 말씀해 주고 있으며, 뒷 부분은 모든 일
의 되어질 결말과 그를 위한 준비의 어떠함을 말씀해 주고 있
다. 모든 그리스도인들의 영성과 기도는 우리가 하나님과 어
떤 관계임을 천명하는데서 출발하는 영성이며, 결국은 다시
그 관계성으로 돌아가는 기도이다. 우리는 딸, 아들이 아버지
를 찾듯, 아기가 엄마를 찾듯, 두 손을 들어 반사적으로 하나
님을 찾으며, 하나님은 암탉이 날개를 펴서 새끼를 품듯, 신
랑이 신부를 맞이하듯, 우리를 받아주신다. 우리는 사는 동안

반복해서 주님께로 돌아가며, 주님의 임재로 돌아가되, 그것
은 살아있는 두 인격체 간의 역동적인 사랑의 관계이며, 너무
나도 분명한 실존적 관계성이다. 우리는 결코 '거룩한 단어'로
돌아가지 않으며, '니르바나'로 나아가지도 않으며, '무지의 구
름' 속으로 빠져들지도 않는다. 우리는 태어날 때부터 주님의
음성을 듣고, 택함을 받았으며, 삶의 어느 순간에 주님의 음
성을 분명히 듣고 잠에서 깨어나 길을 나섰기 때문이다. 따라
서 우리의 기도는 우리 자신의 정체성과 관계성을 지닌 채 태
어나는 태초로부터의 부르짖음이다.

하지만 우리는 이 세상에 사는 동안 수시로 도전을 받는다.
우리의 자아는 끊임없이 스스로의 나라를 세우려는 유혹에
노출되어 있으며, 우리 자신의 바람과 기대를 이 땅에 세우려
고 안간힘을 쓰며 산다. 우리의 의지는 너무 많은 때로 얼룩
져 있으며, 우리의 눈과 귀는 하늘나라에 살면서도 지금 이
현실을 보지도 듣지도 못 하며, 마음은 온갖 욕망과 편견들로
가득 차 있고, 실은 가진 것도 없으면서 부자인 줄 착각하고
있기 때문에(계 3:17), 마음이 가난해지지 않으면 하늘나라

도 없고 하나님을 볼 수도 없다(마 5:3, 8). 따라서 우리의 기도는 (내 나라가 아닌 하나님의) 나라가 임하길, (내 뜻이 아닌 하늘의) 뜻이 이 땅에서도 이루어지길 반복해서 고백하며, 스스로의 마음을 청결하고 가난하게 되도록 돌아보는 작업이 필요하게 된다.

이상과 같이 주기도문을 토대로 하여 처음에는 주로 유념적(meditatio)으로 묵상을 하다가, 점차로 단순하게 줄여가게 되는데, 그때그때 성령의 인도하심 가운데서, 예를 들면 "아버지여. 거룩히 여김을, 하늘에서처럼, 이루어지이다…"로 갔다가, 점점 더 단축이 되면 나중에는 침묵 가운데서 "아버지…", "이루어지이다" 등으로 아주 짧게, 호흡에 맞추어서 천천히 하나님을 만나는 묵상 가운데로, 마음이 평안하게 무념적인(contemplatio) 상태로 인도됨 가운데 들어갈 수 있다. 그러나 우리의 의식은, 반복해서 말하자면, **품에 안긴 어린아이가 엄마의 눈을 맞추어 보듯** 분명한 애착상태의 의식을 유지한다.

기도의 우상화

이 장을 마무리하면서 아이러니하게도 저자는 정반대의 교훈을 함께 되새겨 보려고 한다. 그것은 위의 여러 묵상기도의 방법을 소개하고, 또 앞으로 장이 거듭되면서 중요하게 생각이 되는 방법들을 더 소개하려고 하지만, 그러나 어떤 기도나 묵상의 방법에 집착한다면 우리는 그것을 우상화하고 있는 것인지도 모른다는 염려 말이다. 우리는 항상 어떤 효율적인 기도의 방법을 생각해 내고 싶어 하고, 또 어떤 특정 방법에 집착하여 그렇게 주장할지도 모른다. 그러나 우리는 그 때마다 하나님 대신 그 방법에 우리 자신을 내어준 것은 아닌지 심각하게 생각해 보아야 할 것이다. 제랄드 메이도 "여러 번 나는 내가 기도하는 것을 도와줄 어떤 것을 발견했고 그때마다 나중에는 나 자신이 진정으로 기도하는 대신 바로 그것만을 하고 있음을 깨달았다."[37]고 말하고 있듯이, 그것은 위험천만한 일임에 틀림없다. 알 수 없는 신비인 하나님께 나 자신을 진정으로 드리는 것보다는 그저 영적인 행위에 매달리는 것이 훨씬 더 편하고 안전하다. 그래서일까? 예수께서는 요한

의 제자들이나 다른 (에세네)경건파들이 수 많은 기도문을 제자들에게 가르쳐 준 데 비하여 단지 딱 하나의 기도문 밖에는 가르쳐 주시지 않았고, "영과 진리"로(요 4:24) 기도하는 것 외에는 다른 중요한 것은 없다고 소리치셨다. 따라서 우리는 비록 배울 때는 이해하기 위하여 복잡하게 되었었지만, 나중에는 할 수 있는 한 언제 어디서든 단순화할 필요가 있다. 상한 심령을 그대로 받으시길 원하시는 하나님(시 51:17) 앞에서 방법이나 꾸밈을 할 수 있는 대로 버리는 것만이 중요함을 반복해서 기억할 필요가 있을 것이다.

미주

1. 그런 입장에서는 그들도 오늘날 사회적으로 유행하는, 종교전통을 탈색한 편의주의적이고 패키지화한 명상운동을 염려스러운 눈길로 바라본다. 왜냐하면 종교전통에 뿌리를 내리지 않는 그런 행위들은 실제로는 그나마 마음의 평화에도 크게 기여하지는 못 하는 한계가 있다고 보기 때문이다.

2. 반복해서 강조하지만, 마음의 명료함을 이루는 것 자체가 불필요하다는 말이 절대로 아니다. 이제까지 그리스도인들, 특히 개혁신앙 공동체에서는 개인적인 체험이나 영적 이해에 대한 분별(성찰)과 이를 통한 마음의 명료함을 추구하는 측면이 매우 부족했다고 할 수 있다.

3. Han F. de Wit: *The Spiritual Path: An Introduction to the Psychology of the Spiritual Traditions*, Duquesne University Press, 1999.

   변하지 않는 확실한 것은 아무 것도 없다는 인식을 추구하며, 심지어는 그 추구하는 것 자체도 의미없음을 깨닫는 것으로 표현할 수 있다. 여기서 "빈 공간"이란 단어를 주목할 필요가 있는데, 오늘날 상당수의 기독교 영성가들(예; 마틴 레어드의 "침묵수업")이 그들의 저서에서 이 단어는 즐겨 사용함을 볼 수 있으며, 이는 불교적 영성전통의 영향을 받은 것으로 볼 수 있다.

4. 일부 영성가들은 불교에서도 '자비'로 표현되는 사랑의 함양에 대한 중요한 목표가 있다고 말하고 있지만, 불교의 사랑은 자기 안으로 들어가서 홀로 스스로 터득하여 밖으로 일방적으로 표현되는 '자비심'의 성격이므로, 이를 진정한 의미에서 살아있는 타 존재와의 상호주의적인 관계 속에서 함양되어 상호적 관계 안에서 표현되는 사랑의 관계성이라고 볼 수는 없다.

5. 에밀 브루너의 신학에 대한 전반적인 접근은 '성경적 인격주의'라고도 불리고 있다. ("20세기 신학". 스탠리 그렌츠 지음, 신재구 역, IVP, 1997.)

하나님은 인격적이시며, 이 때문에 오직 하나의 인격 안에서만 자신을 완전하게 현재화시키십니다. 하나님은 사랑이십니다. …하나님의 거룩한 사랑은 예수 그리스도를 통해서 인격적으로 나타나는 것입니다. 우리는 예수 그리스도를 만남으로써만, 오로지 거룩하고 자비로우신 하나님을 만납니다. 하나님이 인격적으로 실제로 존재하시기에, 하나님은 예수 그리스도를 통해서 우리와 만나시는 것이지요. 결국 계시자인 하나님은 예수이십니다. 마찬가지로 계시된 자인 예수는 자신의 신비를 통해 드러나는 하나님과 동일한 분이십니다. ("십자가, 결코 억울한 죽음이 아니라는 희망". 에밀 브루너 지음, 박영범 옮김, 공감마을, 2014, p120)

우리는 오직 이런 하나님만을 다음과 같은 장소에서만 인식할 수 있을 것입니다. 바로 하나님이 거룩한 사랑을 통해서 스스로를 계시하는 곳입니다. 예를 들자면, 하나님이 예수 그리스도의 십자가를 통해서 행하신 사랑입니다. 그 때문에 하나님이 스스로를 예수 그리스도의 아버지로서 선언하시는 것입니다...이것이 바로 삼위일체 하나님에 대한 올바른 가르침이며, 그 가르침이 담고 있는 본격적인 내용입니다.(위의 책, p125)

6. 자기심리학(self-psychology)은 고허트가 창시한 현대 정신분석의 주류 학파 중 하나이며, 우리 속에는 자기대상(self-object)이라는 어린 시절의 미성숙한 인격구조가 있어서 자라면서 성숙하게 변화해 가게 되어 있다는 이론으로 유명하다. ("자기의 분석". 하인츠 코허트, 이재훈 역, 서울분석연구소, 1971.: "현대 정신분석과 기독교 영성". 이만홍 외, 로뎀포레스트, 2022.에서 재인용)

7. 따라서 그리스도인의 관점에서는 그리스도가 중심에 있지 않은 영성수련이나 기도는 의미가 없고 잘못된 것이며, 성공적이 되지 못하는 노력이라고 할 수 있다.

8. 미국 샬렘 영성훈련원의 주요 영성가로 활동했던 제랄드 메이는 그의 말년 논문 '사랑의 빛 견디기'라는 논문에서 이 점을 부드럽게 지적하였으며, 영국 옥스퍼드 대학의 피터 타일러 교

수도 그의 책 '그리스도교 마음챙김'에서 좀 더 명확히 지적하고 있다.

9. 미국 퍼킨스 대학교수인 엘레인 히스는 그의 책에서 "복음주의자들의 사역은 언제나 열정적이고 효율적이다. 그러나 우리의 사역과 전도가 겉으로 그럴 듯 해 보여도, 시간이 갈수록 뭔가 결핍의 느낌을 숨길 수 없다. 나 자신과 우리의 영혼을 더 깊은 하나님과의 교제로 이끌어 줄 그 어떤 것이 필요하다. 침묵 가운데서 부르시는 하나님의 음성을 듣는 방법이 필요하다."고 말하고 있다.

The Mystic Way of Evangelism: A Contemplative Vision for Christian Outreach. Elaine A. Heath, McCreless Assistant Professor of Evangelism and director of the Center for Missional Wisdom at Perkins School of Theology, United Methodist Minister.

그동안 우리는 전도와 사역에 몰두한 나머지 우리 영혼이 주님과 깊은 교제하는 데 소홀하였다. 그 결과 우리의 사역과 전도는 열매가 없어졌으며, 우리의 영혼마저 메말랐다. 이제 우리는 침묵 가운데서 아직도 말씀하시는 주님께 다가가 다시 살아나기 위하여 묵상기도를 배워야 하며, 이것을 우리는 묵상적 복음주의라고 부른다고 풀러신학교의 복음주의와 영성형성학

교수인 리챠드 피스 박사는 말한다. *(미발표 논문, 인터넷에서 인용.)*

묵상적 복음주의는 커다란 소리로 떠드는 선언 속에서보다는 침묵으로부터 나오는 복음주의이며, 대규모 집회나 강압적인 도전보다는 소그룹 대화와 피정으로부터 나오며, 간증의 독백보다는 하나님의 음성을 구하는 영성지도의 복음주의이다. 아직도 말씀하시는 하나님을 발견할 수 있는 공간과 만남을 창조하는 전통적인 영성훈련이며, 하나님의 현실을 경험할 수 있는 것이 목표이다. 이 시점에서 복음주의는 어떤 올바른 테크닉을 발견하는 일을 멈추고, 어떻게 하면 아직도 말씀하시는 하나님께 다가갈 수 있으며, 당신과 함께 그렇게 다른 사람을 초대할 수 있느냐 하는 문제이다.

이를 저자의 신앙칼라에 유사하게 적용한다면, 아마도 '개혁주의적 관상(reformed contemplation)', 또는 '관상적 개혁주의(contemplative reformism)'라고 부를 수 있을 것이다. 저자는 앞서 "책머리에"에서 언급했듯이, 일상에서 명상이나 관상을 구별하는 것보다 이들의 통합되는 현상을 따라 개혁주의적 묵상(mooksang)이라고 부르고자 한다.

10. "마음을 열어 하나님께로". 토마스 그린 지음, 최상미 역, 도서 출판 로뎀, 2012

11. 관상을 'theoria'라고도 하는데, 이는 '본다'라는 의미, 즉 지식 을 초월하여 사물의 본질을 깨달아 아는 뜻으로, '본다'라는 뜻 에서부터 지혜, 학문이란 뜻으로도 사용된다.

12. 상당 기간이 어느 정도인지는 스스로 판단해도 된다. 만약 서 둘러 넘어갔다면 결국 다시 돌아올 테니까 정확하게 언제까지 인지를 따지려고 하지 않아도 된다. 너무 강박적으로 완성하 려고 해도 할 수도 없고, 또 그럴 필요도 없다. '어느 정도' 마음 이 고요해졌다고 생각한다면, 그때 비로소 다음 단계로 넘어간 다. 다음 단계는 '셋, 부드럽게 하나님을 바라보기'이며, 4강에서 공부한다는 언급이 이미 있었다. 여기서 '어느 정도'란 말은 나 름 의미 있는 말인데, 로욜라의 이냐시오는 그의 영성 고전 중 의 고전인 '영신수련'의 첫머리에 '어느 정도'란 말을 사용하고 있다. 인간은 죽을 때까지 완벽할 수가 없으며, 모든 것 안에서 어느 정도 하나님의 임재를 느낄 수 있다면 그것으로 족한 은 혜가 된다는 뜻을 담고 있다

13. 하나님을 살아있는 실재의 대상(존재)으로 본다는 것은 복음 주의권의 개혁신앙인들에게는 너무나도 당연하고, 또 당연한 사실일 것이다. 이제까지 그렇게 믿고 살아왔으며, 그렇게 기도

해 왔던 사실이므로, 전혀 재론의 여지가 없는 점일 것이다. 그러나 이것을 여기서 새삼 거론해야 하는 이유는, 일부 진보적인 신앙을 가지고 있는 현대 영성가들은 하나님이 구체적인 인격성을 가진 존재라는 데 대하여 상당한 거부감을 가지고 있기 때문이다. 하나님 인식에 대하여 우주의 생명력이라거나, 에너지, 또는 우리의 인식의 범위를 넘어서는 '무지의 구름' 속의 존재라는 생각을 많이 가지고 있지만, 성경에 표현된 하나님, 그리고 예수 그리스도는 두말할 필요도 없이 '사랑의 관점에서' 명백한 인격성을 지녔으며, 그렇게 우리를 당신의 모습대로 창조하시고, 그렇게 인격적으로 우리와 관계하신다. 신학자 에밀 브루너는 우리와 교제하시는 하나님의 인격적인 면을 좀 더 포괄적으로 묘사하기 위하여 '실존적인 인격성'이라고 불렀다. ("십자가, 결코 억울한 죽음이 아니라는 희망". 에밀 브루너 지음, 박영범 옮김, 공감마을, 2014.)

진보성향의 영성가로 알려져 있는 제랄드 메이는, 그럼에도 불구하고 그의 책, "사랑의 각성"에서 다음과 같이 재미있게 묘사하고 있다.

아이들은 하나님이 우리의 친구가 되신다는 생각을 매우 쉽게

한다. 그런데 우리 어른들은 하나님과 우정을 나눈다는 것을 유치한 생각으로 여길지도 모른다. 그것은 마치 상상의 동무를 만들어 낸다는 것처럼 들린다. 그러나 하나님에 대한 편하고 친근한 느낌이 가끔씩 든다면, 우리는 그것을 곧바로 무시해 버리지 않는 편이 현명할 것이다. 하나님과 같이 해변을 걷는 것, 숨바꼭질을 하는 것, 킬킬대며 하나님의 손을 잡는 것은 아이들만의 사치가 아닐지도 모른다. 한 가지 기억할 것은, 예수님은 우리가 "어린아이들과 같이 되지 아니하면 결단코 천국에 들어가지 못하리라"라고 말씀하셨다는 점이다.("사랑의 각성", 김동규 역, IVP, 2006, 246쪽)

14. *Christian Mindfulness: Theology and Practice,* Peter Tyler, 2018, SCM Press, London. 여기서 재인용 함.

15. 노리치의 줄리안(Julian of Norwich, 1342-1416). 영국 여성 신비주의자. 영국 노리치의 한 성당에 달린 은신처에서 평생을 은수자로 지내면서 묵상과 상담만을 하면서 지냈다. 여러 차례의 신비체험을 한 후, 이에 대한 예언적인 글을 썼다. 그녀의 긍정적인 예언의 말, "All shall be well"은 매우 유명하다. 여기서 인용한 글은 "그룹 영성지도: 분별을 위한 공동체"(로즈마리 도어티 저, 이만홍·최상미 역, 2010)에서 재인용 함.

16. 그러나 애석하게도 일부 현대의 영성가들이 바로 이 점을 놓치

고, 사막교부들의 삶과 기도를 마음의 명료함 차원에서만 강조하고 있다. 그 대표적인 예를 "사막의 지혜: 로완 윌리엄스의 사막 교부 읽기"(민경찬, 이민희 역, 비아, 2019)에서 볼 수 있다.

17. 혹 어떤 독자는 잘 이해가 안 될 수도 있다. 지시를 그대로 믿는 어린아이가 기도하듯, 지적 수준이 높지 않은 할머니가 새벽기도에서 두 손을 쳐들고 부르짖듯 한다고 표현할 수도 있겠다. 그렇게 볼 때 이런 기도는 복음주의 권에서는 새로운 개념도 아니며, 이미 오래 전부터 있어 왔던 모습이지만, 현대의 지성인들에게는 오히려 낯선 설명이 될 수도 있으며, 개인적인 설명과 지도가 필요할 수도 있다. 이에 관하여 잠시 후 단락에서 좀 더 구체적으로 의식심리학과 뇌과학의 최신 지견을 토대로 설명하려고 한다.

18. 토마스 켈리(Kelly, Thomas). "거룩한 순종". 김태곤 역, 생명의 말씀사, 2006.

19. 일부 기독교 공동체에서는 개량된 묵상기도를 권할 때, 그 되돌아가는 곳으로 '거룩한 단어'를 제시한다. 그러나 그 단어가 아무리 거룩해 보이는 단어, 예를 들면, '거룩', '평화,' 심지어는 '예수,' '하나님,' '성령'이라고 할지라도 그것은 하나님 그 자체와의 인격적인 관계 안에서가 아니라 그냥 단어일 뿐이다. 어찌 보면 이것은 아주 교묘하게 옆 길로 새어나가는 것이 될 수도 있다.

20. 묵상기도를 처음 배울 때는 순서대로 개념을 따라 이해하는 것이 도움이 되지만, 어느 정도 익숙해지면 묵상기도의 두 요소는 기도 시간의 처음부터 끝까지 함께 이루어지는데, 특별한 경우, 예를 들면 특정 주제에 대해 묵상을 하거나 성찰을 할 때는 두 요소 가운데서 오락가락 할 수도 있긴 하다.

21. "완덕의 길". 아빌라의 데레사 지음, 최민순 역, 바오로딸, 2020. 예수의 성녀 데레사(대 데레사, 아빌라의 데레사로도 불림)의 주옥같은 작품들 중 하나로, 그녀가 창립한 첫 개혁 가르멜 수도원인 성 요셉 수도원의 수녀들에게 전하는 가르침을 담고 있다. 고 최민순 신부가 최초로 우리말로 번역하여 1967년에 한국에 소개되었으며, 이후 오십여 년 동안 한국교회의 수많은 신학도와 수도자, 신자들에게 사랑받아 온 책이다. (출처 : 인터넷 교보문고)

22. 현대에 들어 빠르게 발달하고 있는 의식심리학과 뇌과학의 발견들을 빌어 보다 더 과학적으로 설명하려고 노력하는 중이지만, 애석하게도 아직은 이를 충분히 뒷받침할 정도의 발견은 아님을 이해하기를 바란다. 특히 이 분야의 연구가 아직까지는 대부분 불교전통의 수행자들을 대상으로 한 연구들이기 때문에, 실험 결과들을 해석하는 데 한계가 있으며, 앞으로 그리스도인 중에서 깊이 있게 묵상기도를 하는 사람들을 대상으로

한 연구가 더 이루어지고, 이들이 상호 비교되어야 하겠지만, 그러나 이를 보완하는 연구들이 애착이론과 연관된 뇌기능 연구들의 흥미있는 결과에서 이루어지고 있다.

23. "쉽게 쓴 대인관계 신경생물학 지침서." 대니얼 시겔 저, 이영호·강철민 공역, 학지사, 2016.
   The Neuroscience of Human Relationships." 루이 코졸리노 지음, 이민희 옮김, "뇌기반 상담심리학의 이론과 실제"라는 이름으로 번역되어 있음. 시그마프레스, 2013.

24. 뇌의 활동상태를 구체적으로 알게 해 주는 최신 진단검사법으로는 자기공명 영상법(Magnetic Resonance Imaging; MRI)과 단일광자방출 촬영법(Single Positron Emission Computerized Tomogram; SPECT) 등이 있다.

25. 이러한 정신상태, 또는 의식상태를 대니얼 시겔은 '자기를 아는 알아차림(self-knowing awareness)', 또는 '자기인식적 의식(autonoetic consciousness)'라고 불렀다.
   "쉽게 쓴 대인관계 신경생물학 지침서." 대니얼 시겔 저, 이영호·강철민 공역, 학지사, 2016. p143.

26. 내측 전전두엽, 후대상피질 등으로 이루어진 뇌의 중간선 영역으로 구성되어 있는데, 우리의 뇌가 무엇인가에 집중수련을 할 때는 이 부위가 활성화되며, 반대로 알아차림 의식일 때는 이

영역의 활성도가 저하된다는 보고가 있으므로, 이 뇌의 영역이 알아차림, 자기성찰, 메타인지 등의 정신기능에 관여한다는 것을 추정할 수 있다.

"알아차림: 현존의 과학, 현존의 수행, 명상수행의 혁명". 대니얼 시겔 지음, 윤승서, 이지안 공역, 불광출판사, 2020.

27. "쉽게 쓴 대인관계 신경생물학 지침서." 대니얼 시겔 저, 이영호·강철민 공역, 학지사, 2016. p152, p156.

28. 이런 마음상태는 어쩌면 말로, 논리적으로 설명하기는 쉽지 않지만, 의외로 특별한 것이 아닐 수도 있다. 한국에서는 오래전부터 새벽기도회 끄트머리에 믿음의 어머니들이 아뢸 것은 다 아뢰고 나서 가만히 앉아 '아버지...'하고 가만히 마음의 눈으로 하나님을 바라보고 있을 때의 그 마음가짐일수도 있고, 주일학교 어린이가 육신의 엄마처럼 실재하신다고 믿는 하나님께 소소한 생각과 질문을 하는 경우처럼 우리 모두가 어린 시절 겪었던, 성장하면서 상실한 의식상태일수도 있다

29. 여기에는 '거울뉴런'이라고 하는 원초적인 공감기능을 가지고 있는 신경세포군들을 포함하여, 내측 전전두엽(mPFC)을 포함하는 구조와 더불어, 특히 뇌의 외측에 해당하는 두정엽과 측두엽의 경계부위(parieto-temporal junction; PTJ)들이 포함되는 복합적인 구조를 지목하고 있다. 즉 내면 성찰적인 수행에서

관련되는 부위가 DMN을 위시한 뇌의 내측(medial)이라면, 애착관련 의식적인 수행에서는 이에 더하여 뇌의 외측 '사회적 뇌' 부위가 관련이 있다고 볼 수 있다.

"정신치료의 신경과학: 사회적인 뇌 치유하기". 루이 코졸리노 지음, 강철민 이영호 역, 학지사, 2018.

30. 뇌가 경험에 반응해서 자신의 구조를 바꿀 수 있는 능력을 말한다. 경험이 신경세포를 활성화하면 유전자가 변화하여 활성화된 신경세포의 연결이 단단해지는 구조적인 변화가 일어나게 된다.

"쉽게 쓴 대인관계 신경생물학 지침서." 대니얼 시겔 저, 이영호·강철민 공역, 학지사, 2016., p77.

31. 신경세포는 동시에 발화되어 동시에 연결된다. 특정 행동을 사용하면 해당 부위가 가지치기를 통하여 연결이 증폭되며, 반대로 사용하지 않을 때는 함께 '세포자멸사(cell apoptosis)' 한다는 것으로, 뇌과학자 Hebb이 주장하였다고 하여, 이를 'Hebb의 법칙'이라고도 한다. (위의 책, p85-86.; "커플상담과 신경과학". 모나 피쉬베인 저, 박수룡 등 공역, 학지사, 2019)

32. "완덕의 길". 아빌라의 데레사 지음, 최민순 역, 바오로딸, 2020.

33. "마틴 루터의 기도". 마틴 루터 지음, 유재덕 옮김, 도서출판 브니엘, 2008, p021-022.

"친구여, 주기도문이나 십계명, 예수님의 말씀을 읽거나 암송하다가 마음이 뜨거워지는 경험을 한 적이 있는가. 나는 그럴 때면 손을 모은 채 무릎을 꿇거나 서서 하늘을 바라보고, 가능하면 다음과 같이 간단히 기도드린다네. '하늘에 계신 아버지, 사랑의 하나님이시여, ...저는 모든 성도와 더불어 나의 주 예수 그리스도의 이름으로, 그분이 가르쳐주신 기도(하늘에 계신 우리 아버지여...)를 조금도 어긋남이 없이 따라 합니다.' 그런 다음, 주님이 가르쳐주신 기도를 차근차근 생각하면서 다음과 같이 기도한다네."(p021-022).

34. 위의 책, p59.

35. "사랑의 각성". 제랄드 메이 저, 김동규 역, IVP, 2006.

36. "주기도문과 21세기를 위한 영성". 정현구 목사, 한들출판사, 2003.

37. "사랑의 각성". 제랄드 메이 저, 김동규 역, IVP, 2006.

금주의 묵상수련 : 하나님 바라보기

다음의 순서대로 매일 한 번 이상 실행한다.

1. 준비 : 일정한 시간, 조용한 장소, 정좌, 알람 준비(30분), 몇
   번 심호흡

2. 호흡훈련과 마음 바라보기(15분) : 전 주의 호흡훈련, 즉 들
   숨과 날숨에 집중한 다음, 마음 바라보기를 한다. 이 두 훈
   련과정은 이제 일종의 준비단계에 불과하여, 5-10분 동안
   만 하면 된다.

3. 눈을 들어 하나님을 바라본다(15분) : 앞서의 훈련과 다른
   점은 잡념에 빠져 있음을 깨닫는 순간 반복해서 부드럽게
   하나님을 향하여 마음의 눈을 들어 하나님을 바라본다. 하
   나님을 대면하듯(15분). 그냥 바라본다. 왜냐하면 그 다음

은 하나님이 인도하실 것임으로. 하나님이 우리를 마주 보심을 믿는 마음으로. '하나님 보기'는 앞서 본문에서 설명한 대로, 혼자만의 상상이나 이미지 떠올리기, 관념 속의 생각이 아니라, 온 몸으로 눈 앞의 공간에 대상이 있음을 오감으로 느끼면서, 실재로 함께 하며 대화하듯 한다. (애착 관련 의식상태)

4. 성찰 침묵을 끝내고, 다른 자세로 편안히 한 후에, 묵상 중에 나의 의식은 어떠했는가? 의식심리학을 공부하고 나서 의식과 주의집중에 대한 이해가 나의 기도에 어떤 영향을 미치는가? 묵상 중 나의 의식이 어떤 잡념에 빠졌었다면 하나님께로 다시 잘 돌아왔는가? 어떤 단일 주제가 반복해서 나의 의식을 지배하였다면 그 주제는 무엇인가? 나를 불편하게 한 것이 있다면 어떤 것인가? 집중이 잘 안 된 것에 대

해 어떤 감정이나 걸림이 있는가?

5. 기록한다. 나눔. 성찰 내용과 느낌, 의문점 등을 기록하고,
   가능한 경우 집단에서 나누는 것이 훨씬 좋다.

주의: 이 '하나님 바라보기' 수련은 모든 그리스도인의 묵상기
도들의 가장 기본이므로, 이것만을 단독으로 상당히 오래 자
리가 잡힐 때까지 지속해야 한다. 어쩌면 다른 형태의 묵상기
도와 함께 이것을 평생 해야 하는 것일 수도 있다.

다음주의 묵상수련 : 주기도문으로 하는 묵상기도

1. 준비 위와 동일.

2. 주기도문(전반부)을 천천히 호흡에 맞추어 반복해서 읽는다. (15분)

   점점 줄여서 단순하게 되며, 마지막에는 '아버지여', '이루어지이다.' 등 한, 두 단어만 남는다. 자연스럽게, 그리고 자유롭게, 각자 맘대로. 호흡에 맞추어 천천히 침묵 가운데서 하나님 품에 안긴 채 쉼의 상태가 된다. (애착 관련 의식상태)

3. 하나님을 향하여 침묵 속에서 바라본다. (15분) (역시 애착 관련 의식상태)

4. 성찰(10분)

5. 기록

주의: 애착 관련 의식상태. 이 때 마음을 비운 채 단순히 단어에 집중하는 다른 단순한 기도와는 전혀 다르다. 이미 기술한 대로 마음의 눈으로 하나님을 바라보며 온 주의집중을 다 하여 눈 앞에 실재해 계신 하나님을 바라보면서 그 분에게 말한다. 이것이 그리스도인의 묵상의 핵심이다.

영성일기

부록 1.
금주의 묵상수련 목록

1. 깨어남에 대한 성찰

2. 침묵훈련 1. 마음 바라보기

3. 침묵훈련 2. 호흡훈련
   침묵훈련 3. 마음 비우기

4. 하나님 바라보기
   주기도문으로 하는 묵상기도

5. 경청실습 1. 제3자료를 사용하는 경청과 나눔
   경청실습 2. 묵상적 경청

6. 1. 일상에서의 관상 연습

   2. 침묵과 고요로 떠나기

7. 거룩한 독서(렉시오 디비나) 실제

8. 일반성찰

   특별성찰

9. 주제묵상과 분별훈련

부록 2.
관상(contemplatio)의 용어와 개념 해설

용어 해설:

'contemplatio'(헬 theoria, 본다), 'cum(with)+templum(temple)'. *하나님과 관계하는 특성을 의미하며, 하나님은 어떤 분이시고, 무슨 일을 하시며, 그 하시는 일에 내가 어떤 영향을 받고, 이런 깨달음 속에서 하나님께 반응하는 관계의 특성을 의미한다. (Brian McDomott)*

내가 여호와께 바라는 한 가지 일 그것을 구하리니 곧 내가 내 평생에 여호와의 집에 살면서 여호와의 아름다움을 바라보며 그의 성전에서 사모하는 그것이라(시 27:4)

'성전에서'란 단어에서 우리는 관상, 'contemplatio'란 라틴어의 어원을 떠올릴 수 있는데, 즉 'con'이란 'cum', 영어로는 '~with', '~in'을 뜻하며, 'templatio'란 '성전(templum)'이란 단어에서 왔다는 것을 의미하며, '사모하며'의 히브리 원어에는 '숙고하다, 묵상하다'란 뜻이 포함되어 있다. 따라서 시편 27:4는 라틴어 'contemplatio'의 의미, 즉 하나님의 성전(그리스도를 의미하기도 하며, 우리 자신의 내면을 의미)에서 그분의 아름다움을 바라보며 깊이 묵상한다는 의미를 가장 잘 표현하는 성경 구절로 이해할 수 있다. 여기서 '바라보며'란 단어 역시 중요한 의미가 있는데, 즉 옛 영성가들은 라틴어 'contemplatio'를 헬라어로 'theoria'로 번역하였는데, 이 'theoria'란 단어는 '(사물의 본질을) 바라본다'란 뜻을 가지고 있음으로 '관상(觀想)'이라고 번역함이 적절하다고 본다. 여기서 '사모하는' 이란 단어는 원어로 '숙고하다', '묵상하다'라는 뜻이 내포되어 있다.

1. 본다, 관상(觀想)의 개념. 헬라어 번역도 '본다'로 이해. meditatio가 지적으로 인식하는 것에 비하여 관상은 지혜와 학식, 논리를 초월하여 사물의 핵심을 파악하는 인식의 방법. 사물의 핵심을 바라본다. 하나님을 바라본다(paying attention to God).

그때 예수께서 성령으로 기뻐하시며 이르시되 천재의 주재이신 아버지여 이것을 지혜롭고 슬기 있는 자들에게는 숨기시고 어린아이들에게는 나타내심을 감사하나이다 옳소이다 이렇게 된 것이 아버지의 뜻이니이다 내 아버지께서 모든 것을 내게 주셨으니 아버지 외에는 아들이 누구인지 아는 자가 없고 아들과 또 아들의 소원대로 계시를 받는 자 외에는 아버지가 누구인지 아는 자가 없나이다 하시고 제자들을 돌아 보시며 조용히 이르시되 너희가 보는 것을 보는 눈은 복이 있도다 내가 너희에게 말하노니 많은 선지자와 임금이 너희가 보는 바를 보고자 하였으되 보지 못하였으며 너희가 듣는 바를 듣고자 하였으되 듣지 못하였느니라(눅 10:21-24)

위의 구절을 보면, 관상이란 예수 그리스도를 통하여 하나님을 이해하는 것을 의미한다.

2. 집착, 과거, 욕망 등으로부터의 벗어남, 자유로움. 관조(觀照)의 개념. 자각(awareness)으로 연결됨. '깨어난다

(awakening)', '의식을 연다', 'opening to God'.

묵상적 삶(contemplative life)이란 자기만의 내적 성찰이나 대화 그 이상으로 하나님(성령님)의 임재에 경이로운 즐거움으로 깨어나는 것이다. 하나님의 성령께 생생한 기도를 드리는 기쁨으로 깨어나는 것이며, 자기와 성령 사이의 내적 대화의 흥분으로 깨어나는 것이다. 이것이 기독교적인 자각(awareness)이다.

묵상적 삶이란, 욕망에 얽매여 있는 현실을 허구로 보고, 장차 다가올 미래의 소망을 현실로 보는 삶이기 때문에, 침묵을 사랑하는 영혼의 삶이다. 사막의 삶이다. 가난하고 단순하게 사는 삶이다. 세상의 기준과 거꾸로 된 삶이다. 좁은 문으로 들어가는 삶이다.

3. 임재(presence)의 개념. 우리가 느끼지 못한다고 할지라도 하나님께서는 언제나 어디서나 참으로 임재하신다. 하나님께서 계시지 않는 곳은 아무 데도 없다(시 139). 우리가 하

나님 안에서 "살고 움직이고 존재하고" 있을 뿐 아니라(행 17:28, 표준새번역), 하나님께서도 우리 각자 안에 그리고 모든 피조물에 우리 호흡보다도 가까이 계시고, 우리 자신보다도 우리에게 가까이 계신다. 그러므로 관상적인 삶은 우리가 실제로 하나님께 가까이 다가가는 순례라기보다는 언제나 존재해 왔던 이해할 수 없는 하나됨에 대한 점진적인 깨달음의 과정이다.

하나님의 이미지(초월적 이미지와 내재적 이미지) 중 내재적 이미지를 강조함. 'contemplatio'는 'within temple', 즉 성전 안에 임재하시는 하나님, 나의 내면 깊은 곳(영혼)에 임재하시는 하나님을 강조하며, 우리 자신은 하나님이 거하시는 성전, 우리 모두는 서로 연결되어 있는 성전, 우리는 하나님의 성전에 거하는 삶. 하나님 안에 우리가, 우리 안에는 하나님이 계심을 강조한다.

너희는 너희가 하나님의 성전인 것과 하나님의 성령이 너희 안에 계시는 것을 알지 못하느냐(고전 3:16)

너희는 사도들과 선지자들의 터 위에 세우심을 입은 자라 그리스도 예수께서 친히 모퉁잇돌이 되셨느니라 그의 안에서 건물마다 서로 연결하여 주 안에서 성전이 되어 가고 너희도 성령 안에서 하나님이 거하실 처소가 되기 위하여 그리스도 예수 안에서 함께 지어져 가느니라 (엡 3:20-22)

예수께서 대답하여 이르시되 너희가 이 성전을 헐라 내가 사흘 동안에 일으키리라...그러나 예수는 성전 된 자기 육체를 가리켜 말씀하신 것이라 (요 2:19-21)

17세기 카르멜 수도회 수사 로런스 형제는 "모든 것에서 하나님을 발견하는 사랑스러운 바라봄(the loving gaze that finds God everywhere)"이라고 하였다. 고전적으로 관상은 사물들이 실제로 존재하는 그대로 인식하고 그것들에 대해 사랑스럽게 반응하는, 세상 가운데 직접적으로 열려 있는 임재를 의미한다. (제럴드 메이, 논문 사랑의 빛 견디기)

4. 그것은 기도충만함 가운데서 이루어진다(prayerfulness,

sensitive to the Spirit).

기도 가운데 듣고, 기도 가운데 말하고, 기도 가운데 보고 생각한다. 기도 가운데 쉰다. 성령 안에서 보고 듣고 말한다. 성령의 이끄심에 예민하여지고, 성령의 말씀에 귀를 기울이며, 성령의 이끄심에 순종한다.

우리의 모든 생각들과 행동들은 기도충만한 열림(prayerful openness)과 사랑의 반응(loving responsiveness) 가운데 함께 일어난다. (제랄드 메이)

명상(meditation)은 영적 생활의 가운데 우리가 의도적으로 하는 여러 종류의 연습과 훈련으로 이루어지지만, 관상(contemplatio)은 단지 성령의 은사로만 이루어질 수 있다. 따라서 우리는 각자의 자리에서 하나님의 움직임과 이끄심, 초청에 자신을 열어 놓고자 하는 단순한 자발성을 키워나가기를 소망한다. 이것이 바로 관상적인 태도이다. (제랄드 메이)

5. 하나님과 연합하는 삶, 하나님과 함께 하는 삶, 하나님 안에서 쉼. 'united with God', 'united with Christ', 'sabbath and celebration'

6. 사랑스러운 임재(loving presence)이다. 영적인 삶은 철저하게 사랑에 관한 것이다. 하나님은 사랑이시고, 우리는 사랑 안에서, 사랑하기 위해 창조되었다. 모든 사람은 하나님과의 사랑, 다른 사람들과의 사랑 가운데 성장하고자 하는 갈망을 그들의 중심에 가지고 있다. 이 갈망은 권력이나 폭력에 대한 무절제한 집착의 경우처럼 심각하게 왜곡될 수는 있지만, 결코 사라지지는 않는다. 사도 바울이 아테네 사람들에게 선포했던 것처럼, 하나님께서는 "하나님을 찾아 발견케 하려"고 우리를 창조하셨다(행 17:26-27). 이것이 우리가 존재하는 이유이다. 모든 세대의 관상가들은 성 어거스틴(St. Augustine)의 유명한 기도를 함께 반복해 왔다. "당신께서는 당신 자신을 위해 우리를 지으셨습니다. 그래서 당신 안에 안식하기까지 우리 마음에 안식이 없었습니다."

7. 하나님의 진정한 존재와 움직임들은 본질적으로 우리 인간의 감각 기관으로 이해할 수 없는 것이다. 따라서 관상적인 삶의 많은 부분은 신비로 둘러싸여 있다. 비록 우리가 자연스럽게 하나님의 인도하심에 마음을 열고 반응하기 위해 모든 노력을 다한다고 할지라도, 우리는 대체로 어떤 특정한 시기에 하나님께서 우리를 어디로 이끄시는지 또 하나님께서 우리에게 무엇을 하라고 지시하시는지 완전하게 이해하지는 못한다. 이렇게 불확실성이 전제된 상황에서 우리는 겸손하게 신적인 신비(Divine Mystery)를 존중하며, 우리가 하는 일들이 참으로 하나님께서 원하시는 것과 조화를 이루기를 기도한다.

그리스도인의 묵상 I

1판 1쇄 펴냄 2023년 2월 20일
1판 2쇄 펴냄 2023년 5월 25일

지은이 이만홍
편집 디자인 밀루그래픽스

밀루그래픽스는 편집, 일러스트레이션, 표지디자인,
편집과 출판을 전문으로 하는 프리랜서 그룹입니다.
여러분의 소중한 마음과 생각을 한권의 책으로 만들어드립니다.
010-2715-3929

펴낸곳 로뎀포레스트
출판등록 2016년 1월 3일 제 2016-000001호
주소 서울시 강남구 삼성로 96길 27 진솔빌딩 4층 B
전화 02-558-1911
이메일 mhlee523@hanmail.net
홈페이지 hppt://www.soh1911.org

ISBN 979-11-978667-5-3(04230)
       979-11-978667-4-6 (세트)
값 11,000원

문을 응용한 묵상', '거룩한 독서', '의식성찰'과 같이 그 영적 가치가 입증된 형태의 묵상기도로 돌아가야 할 때가 왔다고 본다.

그리스도인들의 영성과 기도는 우리가 하나님과 어떤 관계임을 천명하는데서 출발하는 영성이며, 결국은 다시 그 관계성으로 돌아가는 기도이다. 우리는 딸, 아들이 아버지를 찾듯, 아기가 엄마를 찾듯, 두 손을 들어 반사적으로 하나님을 찾으며, 하나님은 암탉이 날개를 펴서 새끼를 품듯, 신랑이 신부를 맞이하듯, 우리를 받아주신다. 우리는 사는 동안 반복해서 주님께로 돌아가며, 주님의 임재로 돌아가되, 그것은 살아있는 두 인격체 간의 역동적인 사랑의 관계이며, 너무나도 분명한 실존적 관계성이다. 우리는 결코 '거룩한 단어'로 돌아가지 않으며, '니르바나'로 나아가지도 않으며, '무지의 구름' 속으로 빠져들지도 않는다. 우리는 태어날 때부터 주님의 음성을 듣고, 택함을 받았으며, 삶의 어느 순간에 주님의 음성을 분명히 듣고 잠에서 깨어나 길을 나섰기 때문이다. 따라서 우리의 기도는 우리 자신의 정체성과 관계성을 지닌 채 태어나는 태초로부터의 부르짖음이다.

1

오늘날처럼 자기주장과 화려하고도 자극적 종교행위가 난무하는 현실에서 왜 굳이 침묵 가운데 드려지는 묵상기도가 우리 그리스도인들에게 필요한가는 긴 설명이 필요 없다. 미국 퍼킨스 대학 복음주의 선교신학 교수인 일레인 히스 교수는 그녀의 책에서 "오늘날의 교회는 포스트 모더니즘 문화의 소비주의, 경쟁, 그리고 개인주의에 깊이 적응된 나머지, 번영복음을 외치는 설교자의 풍요로운 삶의 스타일에서부터 어디나 존재하는 '교인들의 수평이동'과 '예배전쟁'(worship wars)'에 이르기까지 교인들에게 보다 나은 거래를 위하여 쇼핑을 제공하고 있다."고 말한다.

"그 동안 우리는 전도와 사역에 몰두한 나머지 우리 영혼이 주님과 깊은 교제하는데 소홀하였다. 그 결과 우리의 사역과 전도는 열매가 없어졌으며, 우리의 영혼마저 매말랐다. 이제 우리는 침묵 가운데서 아직도 말씀하시는 주님께 다가가 다시 살아나기 위하여 묵상기도를 배워야 하며, 이것을 우리는 **묵상적 복음주의라고 부른다**"고 풀러신학교의 복음주의와 영성형성학 교수인 리챠드 피스 박사는 말한다.

2

묵상적 복음주의는 커다란 소리로 떠드는 선언 속에서보다는 침묵으로부터 나오는 복음주의이며, 대규모 집회나 강압적인 도전보다는 소그룹 대화와 피정으로부터 나오며, 간증의 독백보다는 하나님의 음성을 구하는 영성지도의 복음주의이다. 아직도 말씀하시는 하나님을 발견할 수 있는 공간과 만남을 창조하는 전통적인 영성훈련이며, 여기서는 하나님의 현실을 경험할 수 있는 것이 목표이다. 이 시점에서 복음주의는 어떤 양적 팽창의 테크닉을 발견하는 일을 멈추고, 어떻게 하면 아직도 말씀하시는 하나님께 다가갈 수 있으며, 당신과 함께 그렇게 다른 사람을 초대할 수 있느냐 하는 문제에 똑바로 직면하고, 기독교 전통의 역사를 거슬러 올라가 그 흐름으로부터 해답을 찾기 위한 노력에 나서야 할 때가 아닌가 한다. (본문에서)

3

오늘날 서구사회를 뒤덮고 있는 혼란은 마음챙김 명상으로 대표되는 불교명상과 그리스도인의 묵상을 혼동하는 데 있다. 불교명상과 그리스도인이 하는 묵상은 전혀 다르다. 두 영성 전통의 수련이 특히 처음에는 침묵과 마음의 명료함의 수련에 있어서 서로 유사한 듯 보이지만, 그 끝은 전혀 다르다. 불교전통의 명상은 외부로부터의 자극을 차단하고 자신의 내면 깊숙이 들어가는 자기 폐쇄적 수련인 반면에, 기독교 전통의 묵상은 반대로 외부로부터의 오감에 의식을 열어놓고 마음의 눈으로 나 밖의 대상인 하나님을 바라보는 관계적인 수련이다. 불교 명상을 의식의 흐름을 바라보는 '깨어남의 명상'이라고 한다면, 그리스도인의 묵상은 어린 아이가 엄마 품에 안겨 엄마를 온 몸으로 바라보는 '안정애착의 묵상'이라고 할 수 있다. 최신 뇌과학의 발견들은 이 차이를 뚜렷하게 보여주기 시작한다. 불교 명상은 '알아차림의 의식상태'로 뇌의 '비활동형 연결망(DMN)'을 중심으로 한 내측의 활성화와 관련이 있는 반면, 그리스도인의 묵상은 '안정애착의 의식상태'로 뇌의 거울뉴런과 두정엽-측두엽 경계부위(PTJ) 등이 추가되는 뇌의 외측, '사회적 뇌(social brain)'의 활성화와 관련이 있다. 이렇게 각기 다른 전통의 영성수련을 오랜 기간 지속하면 뇌의 가소성(neuroplasticity) 이론에 따라 양 자에서는 서로 전혀 다른 뇌의 연결망이 형성된다. 따라서 불교명상을 하는 사람과 그리스도인의 묵상을 하는 사람은 그 생각하는 바도 다르게 되며, 가는 길도 다르며, 그 끝은 전혀 다르다.

4

이제 그리스도인들은 오랜 기간 동안 기독교 전통 속에서 전래되어 왔었지만, 한 때 잊혀졌다가 최근 들어 다시 발굴되어 다듬어져 가고 있는, 마음의 명료함을 다루면서도 하나님과의 초월적 관계성을 제대로 이룰 수 있는 고유의 전통적인 묵상, 즉 '주기도